SANTIAGO GARCÍA TIRADO

PROFESOR(X)S

Un emoji

SANTIAGO GARCÍA TIRADO

PROFESOR(X)S

UN EMOJI

EL VIEJO TOPO

Portada: Jimena Juárez

Edición propiedad de Ediciones de Intervención Cultural/El Viejo Topo
Diseño: Miguel R. Cabot
ISBN: 978-84-10328-44-0
Depósito Legal: B 23268-2024
Impreso en España

PROFESOR(X)S
Un emoji

Un banquete. Es lo que le corresponde a un héroe. La escena tiene lugar en *La Odisea*, y el que va a ser agasajado es Ulises, en el palacio de Alcínoo, rey de los feacios. Ha llegado a la isla después de sobrevivir a un naufragio, y tras haber sido auxiliado por la hija del rey. Mientras esta y sus damas paseaban por la orilla de la playa, había aparecido algo que al principio creyeron un montón de sargazos, luego un delfín o algún otro animal voluminoso y al final, un hombre muerto. Pero no, no estaba muerto. El hombre al que la maleza marina había atado y vomitado a la arena todavía respiraba.

La fiesta está a la altura: hay música, baile, una nube de olores abigarrados, hombres que sirven los platos y esclavas que hacen compañía a los invitados. No hay detalle que no contribuya a mantener alta la excitación. En un momento dado, entra el aedo y toma su sitio en el centro de la sala. Va a cantar para todos los presentes. ¿Será un entretenimiento? ¿Otro artista que actúa a mayor gloria del rey que lo acoge y lo alimenta en su corte? A Ulises no parece que la idea lo seduzca, y sigue a lo suyo comiendo y bebiendo. Ha traspasado la barrera de la lucidez y ya es incapaz de tomar en serio nada de lo que pueda venir a continuación. Está vivo, hay que celebrar la vida. Ahora nada más le importa. Sin embargo, ahí está el viejo y todo se ha vuelto silencio a su alrededor. A Ulises le parece un pequeño incordio, pero bastará con no prestarle mucha atención. Piensa que cantará algunas canciones tradicionales, las que todos saben, las aventuras y los romances de siempre. Que cante lo que le venga en gana mientras el vino siga corriendo. Está a gusto. También ha probado un poco de mandrágora.

El anciano empieza a cantar. Ha elegido empezar con cosas de héroes y no de amor. Al principio Ulises lo ignora y no se deja interrumpir por las canciones. Cada vez que vacía un plato, un muchacho aparece con otra bandeja de carne recién asada. Y todo sigue así hasta que oye una palabra suelta, y se vuelve con ímpetu; ya no puede ignorar más al aedo. Esa palabra tiene el poder de arrancarlo de la fiesta y lo transporta lejos, a una historia. Es la historia de un héroe. Ulises nota poco después un nudo en la garganta, y se le va tensando hasta el dolor. Intenta beber para calmarse, pero eso también le duele. El rey lo mira de reojo, cree entender que su invitado no está cómodo. Entonces Ulises se esconde la cara con el borde de su manto y empieza a llorar. ¿Qué canta el viejo aedo? ¿Qué nota está tocando para que el rudo, el terrible, el astuto Ulises rompa a llorar? El aedo está cantando la famosa historia de la guerra de Troya que tanto seduce a los feacios. Y en ese momento está haciendo el relato de las peripecias de Ulises, rey de Ítaca. Y Ulises, que está allí aunque nadie sepa su identidad, el hombre que lo ha enfrentado todo y ha salido siempre victorioso ahora no es capaz de enfrentar su propia historia narrada por un poeta. Sabe que no debe llorar en público, que debe contenerse, pero no halla la manera.

¿Por qué llora Ulises? La historia que escucha no es nueva para él. Es su propia historia cantada por alguien que a fin de cuentas no estuvo allí, cuando el asedio de Troya. La historia auténtica va con él y en todo ese tiempo que lleva navegando ha podido revisitarla tantas veces que al final la ha convertido en un rumor de la memoria que ya no asusta. Si en algún momento durante la guerra actuó con torpeza, si sintió el mordisco de la muerte o si lo atormenta el recuerdo culposo de alguna indecisión, todo forma ya parte del fardo donde se guarda la vida pasada. Sin embargo, hoy llora. La historia –y eso los feacios no lo saben– habla de Ulises, pero el lenguaje la ha moldeado como relato, y ahora es un objeto autónomo, compartible. Es una canción que viaja de boca en boca, que habla de Ulises pero ya no es Ulises. Es un relato que atraviesa al anciano que lo comparte con los invitados a la fiesta y que ahora llega a Ulises desde el exterior, como algo ajeno. Como las flechas del enemigo, como un soplo del viento. Así ocurre lo inesperado: Ulises cobra conciencia por primera vez de quién es Ulises, de cuál es su dimensión en el mundo. El lenguaje ha operado el fenómeno de la objetivación. Antes de eso era un magma de impresiones atravesado de miedos, desconfianzas, éxitos, debilidades, orgullo, horrores. Ahora Ulises puede mirarse a sí mismo hecho texto, en adelante tendrá que entenderse con esa identidad que ha fijado el relato. No puede menos que llorar.

Relato. Los docentes no tenemos relato. Andamos continuamente de boca en boca en un discurso que siempre formulan otros, un discurso que puede variar, según el día y el vocero que lo traiga, entre la incomprensión y la abierta hostilidad. Lo que debamos hacer o no en nuestro trabajo docente lo sabe cualquiera mejor que nosotros que a diario somos los protagonistas de una historia. Un periodista pertrechado de estadísticas y algún informe sobre países nórdicos, por ejemplo. Una madre que, por serlo, ha sido incubada por una lucidez en materia educativa que –piensa ella– nadie es capaz de superar. Un policía, una jueza, un panadero, la taxista que lleva a un maestro hasta su colegio, un dramaturgo, un ingeniero, el electricista que no es ingeniero, una directora general, una conserje. Si usted no ha opinado y juzgado la labor de los y las docentes, es porque le falta empuje. Haga como la clase política: no se conforme con hablar acerca de, láncese incluso a administrar sus asuntos, disponga, dicte leyes. No hay límite en el derecho de admisión: añada su propia aportación al discurso. A los docentes, sin embargo, los discursos nos sobran. Lo que nos falta es relato. La historia es nuestra, de las profesoras y profesores que vivimos en el aula una experiencia mágica, difícil de comunicar, pero que si alguien puede convertir en texto somos únicamente nosotros. Vamos a seguir mucho tiempo vulnerables si no nos arropa un relato propio.

Sobre el docente han escrito otros. Ateniéndonos solo a la mirada contemporánea, la creación literaria se ha movido entre el brutalismo que reflejan los herederos de la escuela prusiana –*Las tribulaciones del estudiante Törless*, de Musil, o la reactualización de esa escuela que refleja Thomas Bernhard nos sirven de modelo– el humor ácido del *Wilt*, de Tom Sharpe y el enfoque grave y digno del *Stoner* de John Williams. En medio, la tragedia cínica de *Desgracia*, de J. M. Coetzee, una narración que parte de un profesor en problemas por haber mantenido relaciones con una alumna, pero que no tarda en desbordar lo puramente académico. El cuento de "La lengua de las mariposas", de Manuel Rivas, es un retrato bello y, como tal, doloroso, pero dibuja formas de otra época en la que los docentes nos reconocemos borrosamente. El sentido de la enseñanza, la actitud mediadora del docente, el efecto humanizador están allí, pero esa escuela ya no es la nuestra.

El cine, por su parte, ha encontrado en la escuela y en los docentes material abundante para sus guiones, hasta construir un género. *El ángel azul*, *Los 400 golpes*, *Rebelión en las aulas*, *El club de los poetas muertos*, *En la casa* –basada en una obra teatral de Juan Mayorga–, *Detachment (El profesor)*. Me pregunto si el mejor retrato, no del docente, pero tal vez sí del sistema educativo actual no será *Funny Games*, de Haneke. Esos chicos que solo buscan diversión, a los que, como mucho, se les puede reprochar que en el camino hayan perdido cualquier referencia ética, ¿no parecen salidos de este modo de enseñanza que tiene como referente a los emprendedores, que presenta el éxito como la prueba fehaciente de que la educación ha servido para algo mientras renuncia a detenerse en cuestiones que no sean eminentemente prácticas? Ese "A veces puede ser divertido morir" que formula uno de los muchachos cabe perfectamente entre los resultados de un aprendizaje por competencias, donde el individuo es preparado para que sepa responder a los problemas "en entornos sin referentes" –¿éticos, filosóficos, históricos?–. En resumen, ninguna de estas películas ofrece un relato que se adecue al docente actual. Solo en la variante de la docuficción, películas en la línea de *La clase*, de Laurent Cantet, consiguen acercarse al relato que necesitamos, aunque ninguna lo logra de manera suficiente.

Seguimos huérfanos de relato, esa es la realidad. Hablo de los docentes de hoy, de quienes enseñamos en la segunda década (¡ya!) del S. XXI, sin retos, sin acicates más allá de las próximas vacaciones, llegar al final del trimestre emocionalmente enteros, entregar un boletín. Se nos ha escamoteado incluso el propósito de nuestra labor, que son otros los que lo formulan desde cada nueva reforma legal. En lugar de una definición, un lema: cumplir con un horario, un calendario, una parrilla inacabable de tareas burocráticas, una estadística. Pero ¿de verdad era esto lo que se anunciaba al hablar de una nueva manera de enseñar? ¿No debía el mundo echar mano de la escuela para enfrentarse con urgencia a sus retos y plantearse las estrategias con las que responder a las demandas del nuevo siglo –y milenio– recién estrenado? La crisis económica de 2008 volvió a dar la alarma y puso sobre el tapete un diagnóstico: que la escuela seguía sin cumplir su función. El mundo miraba otra vez al abismo y la ciudadanía seguía sin pedir la palabra. Se llegó a decir que la culpa del colapso había sido precisamente de esa ciudadanía, que había vivido por encima de sus posibilidades y, desde luego, se le hizo saber que sería ella quien pagaría sin protestar por las barbaridades que en realidad habían cometido otros. Era evidente que la ciudadanía no estaba lista para hacer uso de la palabra: el sistema educativo no la había formado para reclamar ese derecho. También era evidente que no se había cumplido con lo que –en palabras de Hannah Arendt– es el cometido de la enseñanza: entregar el mundo a la nueva generación, habiéndola preparado de antemano para esa responsabilidad. En lugar de eso se nos explicó que poner una manada de fieras al mando de una economía desregulada era una cuestión de *los mercados,* y que ese asunto quedaba fuera de toda discusión. Formada en el silencio y la sumisión a las pautas impuestas, la ciudadanía aceptó ese extremo con pocos reparos.

La educación, en el modo en que existe actualmente, no mejora la perspectiva. Con la ley Celaá se atiborra de esteroides la dimensión del individuo, la solución personal, el ámbito de lo privado. Si tiene algo que decir en cuanto a la dimensión social es solo para asegurar el ciclo del consumo, el trabajo, el pago de impuestos. La enseñanza, en esa versión, debe abstenerse de poner a los alumnos ante su dimensión política, lo que quiere decir histórica. De esa manera se asegura que, cada vez que ocurra una nueva catástrofe, el ciudadano así educado volverá a su papel de mero espectador –de *mayoría silenciosa*, decía con eufemismo un señor que fue presidente–. De ninguna manera se podrá permitir que una masa social organizada y consciente pretenda ejercer su condición de ciudadana para reclamar la gestión del mundo. A los docentes nos lo recuerdan a menudo: si antes la consigna era "Limítate a dar contenidos, no estás para hablar de nada más", ahora es "Limítate a lo práctico, no se te ocurra entrar en cosas de mayor calado". El sistema educativo es, visto así, otra cosa. No está para dar respuestas. No está para asumir papel alguno en la *polis*. Si la nueva catástrofe es otra pandemia global, una crisis bursátil, el esquema volverá a repetirse. El miedo, como explicaría Virilio, con este sistema educativo se vuelve más fácil de administrar. La escuela como la conocemos hasta ahora también sirve para eso, para que nadie reclame otra gestión. Para que nada cambie.

Los y las docentes necesitamos recuperar la objetividad, volver a ser figuras reconocibles. Eso exige reformular la identidad propia y, después, consolidarla transmitiéndola a las nuevas generaciones de docentes. Despojarnos de este sucedáneo de identidad hecha de fantasmas y prejuicios que nos han ido tejiendo otros. A día de hoy, el docente es una figura que se pixela. Vamos perdiendo perfil y resultamos progresivamente irreconocibles. Incluso entre nosotros: irreconocibles. La barbarie se ha preocupado de ir definiendo sin nosotros nuestra identidad –nuestra vocación, nuestros límites, nuestras técnicas, nuestro modo de estar–. Ahora nuestra figura se deslía también desde dentro y desdibuja la percepción con que miramos a otros docentes. Ampliamos la desconfianza mutua, dejamos de respetar el territorio del otro, nos agredimos en reuniones, dejamos que se generalice la suspicacia. Una forma de presbicia se ha instalado en nuestra percepción, y ni siquiera logramos reconocernos teniéndonos cerca.

Pero el fenómeno no acaba ahí, también existe la plaga: se llama *burnout*, y la ha sufrido cualquier docente, todo docente. Arrasa con carreras personales y, no de forma tan excepcional, con centros educativos al completo. Su rastro se observa de lejos, y se evidencia en aspectos como el negativismo, el agotamiento emocional, el cinismo, el síndrome del impostor. La plaga tiene efectos corrosivos que actúan de manera aguda sobre la identidad del docente. Una vez activada la enfermedad, uno deja de creer el papel que cumple, se vuelve progresivamente cínico, se lanza a ridiculizar a quien todavía se desempeña con fe. En casos extremos hay quien se erige en visionario de la gran mentira que es el mundo en general y el sistema educativo en particular. El virus se extiende, nos instalamos en la emergencia y poco a poco la imagen propia se va degradando. Si no se actúa a tiempo, el código docente se neutraliza. Deja de funcionar. Se apaga hasta el último píxel.

La escena de Ulises llorando frente al aedo que canta su propia historia sedujo a Hannah Arendt, que le dedicó unas páginas en su libro *Entre el pasado y el futuro*. Según ella, la Historia como disciplina tiene en ese momento su acta fundacional, al menos –insiste ella– en términos poéticos. Lo que quiere decir Hannah Arendt es que la escena que relata *La Odisea* es una metáfora: la Historia, en tanto que disciplina que ordena e interpreta los hechos que se suceden en el tiempo, tiene como finalidad la creación de un relato objeto. Las fuentes de las que se alimenta la Historia habrán sido a menudo los propios protagonistas, o bien los sujetos que en su momento consignaron los hechos a fin de que quedaran bien atestiguados para la posteridad. Liberado del protagonista o el notario que hasta entonces mantenía esa vivencia intrincada en su identidad, el historiador hace con ese material un relato objeto, algo que se despega de quienes lo vivieron y cobra vida como obra independiente. Ahora es susceptible de ser difundida, juzgada, compartida, corregida.

Términos poéticos, dice Hannah Arendt. A los docentes ya no nos quedan ni las trazas de nada que pueda llamarse poético. Encarnamos una profesión prosaica y vulgar, que tal vez en otro tiempo guardó una cierta grandeza, pero ya no. He oído a mucha gente con talento que, cuando han tenido problemas laborales y alguien les ha planteado la docencia como salida profesional, respondían que "para aguantar eso, me quedo en mi casa". Si alguien de cierto nivel intelectual, en cambio, decide ejercer en secundaria –por poner un ejemplo–, entonces lo mejor es no cacarearlo públicamente y, por supuesto, cuidarse mucho de añadirlo al currículum. Ese apunte resta, no favorece en la noticia con que se presenta en las solapas de los libros o en redes sociales. Lo demás ha sido cosa de los sucesivos planes de estudios, que acabaron por matar el brillo que pudiera quedarle a la profesión. Hace tiempo que incluso mataron a la Poesía. En mayúscula.

Queda en la escena de *La Odisea* un asunto por aclarar: Ulises llora y esconde su cara; los feacios que lo están agasajando no saben que aquel que está sentado entre ellos y apenas disimula su llanto es el verdadero protagonista del relato. Ulises en persona, el mismo que ha protagonizado los hechos que canta el aedo. No sabemos por qué las lágrimas. Si el relato no le es nuevo, puesto que lo lleva en su memoria, ¿qué es lo que ahora lo conmueve? ¿Será que escuchar el relato tiene más bien el poder de remover, que de conmover? ¿Es que así afloran los sentimientos que permanecían en el fondo de su memoria, medio dormidos? ¿Es eso lo que ocurre, el efecto de un momento *revival*? Hannah Arendt apunta a un fenómeno identitario: lo que Ulises vive en ese momento es su *catharsis*, esa consecuencia del relato por la que se produce en el oyente un reajuste emocional intenso. Algo inefable, pero que se parece a la idea de purificación. Para los griegos la *catharsis* era una experiencia sanadora, y no solo para el individuo, también para la ciudadanía. Por la salud de la democracia debía ser experimentada en público, y de esa manera tanto el teatro como el odeón gozaron de una indiscutible dimensión política. Aristóteles opinaba que por la catharsis existió la Tragedia. Mucho tiempo después Hegel aportaría otra visión: según él es la Historia la que induce la catharsis. En ese diálogo a través de los siglos, será Hannah Arendt quien se encargue de cerrar el círculo. Lo ve perfectamente claro en esa fiesta que narra *La Odisea*: Ulises, gracias al relato que escucha, y que a pesar de ser su propio relato ahora se ha convertido en algo aparte, en Historia, logra su "reconciliación con la realidad", es decir, su catharsis.

Este libro solo tendrá razón de ser si es capaz de construir una crónica, un relato que sirva para reconciliarnos con nuestra realidad de maestras, profesores, docentes.

DOCENTE BUSCA EMOJI: UN RELATO COSTUMBRISTA

Día soleado. Panorámica de barrio. Travelling de izquierda a derecha.

Son las 9:30 h. de una paz cordial en el barrio. Relativa, claro: hay calles donde el tráfico ya intimida, las persianas metálicas estallan en alaridos, la gente, como hormigas, sigue rastros arcanos mientras caminan por las aceras. En otras partes, sin embargo, la calma aún es de una pieza y no es extraño ver a vecinos que saludan a vecinos. Hay un cierto color de ágora que todavía no se lo ha llevado por delante esta alocada posmodernidad, y contagia buen humor. A lo mejor es optimismo, pero no me atrevo a llamarlo así, no sea que me lluevan reconvenciones. Con todo, siento que me refrendan algunas mujeres que barren los balcones y una veintena de pájaros a la caza del desayuno. Algunos silban, y ya no puedo pedir más.

En el barrio hay un instituto que, visto desde la calle, es una mole como la espalda de un gigante, pero un gigante somnoliento, con el rostro vuelto y que parece reconcentrado. ¿En qué piensa? No sé. En sus cosas de gigante, supongo. Durante la mañana 500 o 600 adolescentes ocupan su interior, dan clase o hacen deporte, charlan, maquinan, comen, hacen planes. Que estén allí dentro durante siete horas es toda una tregua para el vecindario. "¿Eres profesor?", me preguntan mientras sorbo con cuidado el café, que quema. La que me habla es una mujer en torno a los 50, ya un poco de vuelta de todo. Ha debido verme repasando algo en la agenda, con la mochila al lado llena de libros, y ha deducido lo demás. Ella el café se lo toma a la carrera, es evidente que tiene que atender alguna urgencia. Sin embargo, la pregunta no es solo de cortesía. Revela un interés en la vida del barrio. Seguramente ha oído hablar de los alumnos y de los profesores, puede que hasta tenga algún hijo o algún sobrino allí dentro. "Os admiro, qué valientes tenéis que ser ahora", dice cuando se levanta camino de la puerta. Y lo que entiendo es una forma sutil de homenaje. Le sonrío y hago un gesto de cordialidad, un saludo que es como un acuse de recibo. Vuelvo la vista al instituto donde tengo que entrar en unos minutos y yo también me encuentro con ese gigante que da la espalda. El barrio, que lo sabe todo, qué poco y qué mal conoce lo que ocurre allí dentro a diario, pero no duda de que de ello depende la paz. Por eso agradece que estén ahí, a esa hora, 500 o 600 adolescentes en el pecho del gigante y, en todo caso, bajo llave. Un centro educativo, visto así, es un requisito imprescindible del cosmos ciudadano. Gracias a eso existe un orden y el barrio es habitable.

Por comparar, pienso en el centro de atención primaria, que no queda lejos de allí. Un centro de salud en un barrio es otra cosa. Para empezar, se trata de un edificio más discreto, digamos un gigante de tamaño asequible, pero que, al contrario del otro, mira a la calle y se ofrece a todo el que pasa. Por sus puertas fluye un continuo trasiego de gente que va y viene por alguna consulta; algunos, más veteranos, tienen allí su *meeting point.* De cuanto pasa allí dentro el barrio está mejor enterado: si las listas de espera, si la nueva médica, si las pruebas urgentes, si el material. Si aumentan las colas. Si aumentan las colas, aumentan los nervios y no tarda en correrse la voz por el barrio. Luego se suma el miedo. Miedo a que la enfermedad sea esa de la que se habla tanto, pero miedo también a que las consultas se colapsen, a que no haya suficiente personal para atender a todos. A que las noticias acaben haciéndose realidad y se degrade ese servicio del que depende el bienestar de la gente, incluso su bienestar mental. Si hay un punto en el que un centro de salud y un centro educativo se diferencian es precisamente este de la alarma. Un centro de salud que funciona mal provoca inquietud social, la gente comienza a hacer ruido en redes sociales, se queja, exige. La alarma se expande con facilidad. En cambio, un centro educativo que no funciona –que enseña equivocadamente, que no atiende a los valores, que no mejora a sus alumnos– pasa desapercibido. Basta con que el centro se abra todos los días a la hora establecida y entregue notas cada tres meses para que se considere un centro normal.

Estoy a punto de entrar por la puerta de mi instituto y en la calle sigue habiendo un razonable silencio. De lo que se cuece entre esas paredes nadie sabe mucho, más allá de un conflicto en una clase, una profesora que dijo, un profesor que suspendió. Tampoco el barrio se pregunta. Solo los docentes conocen el grosor de la apariencia, pero ¿quién cuenta con la opinión del docente? ¿Qué papel tiene en un barrio donde viene a ejercer unas horas durante el día y luego se marcha, sin haber tenido más que ver con esa parte del mundo? Y aunque pudiera, ¿quién valora la opinión de una profesora, de un profesor? ¿Qué peso tiene entre las voluntades que mueven el mundo?

Sala de profesores. Varias mesas. Algunos toman su almuerzo y conversan. Ruido moderado, que no opaque la conversación

J., profesora de matemáticas, dice "la masificación". Estamos hablando de los problemas que detecta en su instituto, y para ella está claro, es la masificación. "La compatibilidad de la masificación con la calidad educativa es cero. Eso es evidente". La masificación en la enseñanza no crea alarma social, más allá de los primeros días en que las familias buscan una plaza para su hija o su hijo. Una vez aceptada su preinscripción, que haya exceso de alumnos en cada aula es un problema secundario. Se ventila con una rabieta y alguna alusión a políticos de la comunidad. También con comparativas: "Pues todavía peor en el instituto de".

Hablemos de masificación. No será seguramente el más importante, pero es uno de los problemas que peores efectos tiene sobre el aprendizaje. Porque el acto de aprender no se produce en cualquier circunstancia, el ecosistema tiene que ser favorable. Un clima hostil o ruidoso o desmotivado bloquea el cerebro que quiere acceder a ese aprendizaje. La clase exige calma y los alumnos exigen una atención adecuada. Con clases hiperpobladas las condiciones del biotopo escuela se degradan, y no se pueden esperar los resultados que quisiera un docente. "El cerebro necesita emocionarse para aprender", dicen los neurólogos. Vayamos más allá: la profesora, el profesor necesita también un espacio, un mínimo vital para mantener la motivación que debe contagiar a sus alumnos. Una profesora, un profesor, no hacen zapatos, no reparan frenos, no rellenan formularios. Son docentes y tienen bajo su responsabilidad seres humanos en formación. Para que se dé el fenómeno educativo es preciso que la comunicación fluya catalizada por una cierta empatía, una forma adecuada de implicación emocional entre ambas partes. La masificación también acaba intoxicando la labor del docente, que ve cómo los días y las tardes se consumen en cumplimentar informes, atender a familias, corregir pruebas y trabajos, y todo en un número que ya hace tiempo pasó a la categoría de escandaloso.

Emoción, no solo atención y sudor. Y conseguir que la emoción se mantenga en el tiempo es algo complicado. Requiere de la participación de una variedad de factores y de dosis extremas de constancia e inteligencia. Por contra, acabar con la emoción es sorprendentemente fácil. El proceso, además, requiere una pequeñísima inversión de tiempo y energía.

"Yo empecé con mucha alegría, con mucho ímpetu –dice Cristina P., 33 años de experiencia–; ahora vuelvo a estar un poquito 'para abajo', porque vuelvo a preguntarme quién me apoya en según qué cosas". Estamos tomando un café tranquilamente en una terraza del Clot, en Barcelona, y hoy la veo luminosa. Pero he estado sin verla unos meses, por una baja. El motivo: una serie de crisis nerviosas provocadas por un equipo directivo de los que niegan la emoción. Después de una serie de episodios en los que se puso en duda su labor, siempre –esto era un fenómeno que se repetía con muchos profesores, no precisamente novatos– un día la directora la conminó a que se disculpara ante un alumno que la acusaba de haberlo humillado en público. No había nada que escuchar de la profesora. A priori era culpable de un delito, y la dirección no tenía duda de que la razón siempre estaba de parte del alumno. 33 años de experiencia y un currículum impecable no significaban nada. Esa mañana Cristina P. tuvo que salir en dirección a su médico de cabecera a punto de entrar en colapso. Con todo, Cristina se mantiene en pie:

"Nunca he perdido mi fe en las posibilidades de la enseñanza". Ese año hubo docenas de profesores interinos que se negaron a volver a ese centro, ni siquiera teniendo una plaza asegurada. Un conserje que no soportaba más el clima de tensión pidió el traslado a otro centro a mitad de curso. Y lo mismo hizo la administrativa más veterana del instituto: 30 años de servicio; se jubilaba un año después, pero no pudo esperar más y pidió un traslado en enero. El clima no era –ahí están las pruebas– el más indicado para un centro de enseñanza, pero nunca llegó a parecer alarmante ante ninguna instancia. Los efectos que ese clima pueda tener en el ecosistema escuela son devastadores: no se ven, sin embargo; no se miden. No existen.

Desde luego, nuestras cifras de masificación post crisis no pueden asegurar ese cuidado de lo emocional en la enseñanza. Era difícil en condiciones normales, que nunca debieron llamarse normales, conque nada puede ir a mejor. La atención que un docente puede –y quiere– dedicarle a cada alumno se escatima, se reparte mal, no llega. De resultas, la profesora, el profesor se lleva un nuevo boleto para la tómbola de la frustración; los alumnos, a pesar de que no acaban de verlo desde su perspectiva, ganan razones para seguir creyendo que no importan –nada importa demasiado. La experiencia del aula se intoxica de rutina pura. Cualquier traza de emoción que pueda parecerse al cariño queda desterrada por sospechosa.

La soledad, o la sensación de que ha cobrado cuerpo y es tangible, comienza desde entonces a apoderarse del docente. Los alumnos han levantado un muro invisible, y lo único que consigue en clase es que las palabras reboten inútiles. Por descontado que no lo va a comentar con otros docentes: lo tomarán por incapaz, correrán la voz de que no sabe imponerse. La soledad parece un buen parapeto y, antes de darse cuenta, ha dejado de hablar con nadie de nada que tenga que ver con sus clases. Comienza a replegarse sobre sí, y no le parece mala solución. Es más: le parece que es lo que hay que hacer en esos casos. Entonces, la inseguridad. Entonces, la duda. Ese discurso mareante en el oído, constante, como un acúfeno: No sabes hacerlo. No tienes mano para conquistar a tus alumnos. Si hicieras como. Impostura, lo tuyo se llama impostura. No sirves. Si en ese momento crítico surge el conflicto, se desata la tormenta perfecta sobre su cabeza.

"Hay permisividad con las situaciones conflictivas. Además somos un gremio que no está muy unido, y falta actuación conjunta", dice J. Pero lo ha dicho todo docente en algún momento de su vida laboral. La ley no escrita dice que a los alumnos hay que concederles un margen generoso. Que son otros tiempos (?) y que la sociedad ahora está así (?). Si además el conflicto ha sido digamos *llamativo*, entonces al miedo del docente a contarlo se le suma el pudor. Que nadie sepa que ha ocurrido. Que no entre en caída libre el descrédito.

Lo del descrédito se extiende ya a todo cuanto tiene que ver con el docente. Madres y padres, periodistas, pedagogos, técnicos de la administración. Un profesor, una profesora soporta un exceso de supervisores como ninguna otra figura en nuestro mundo actual. Sobra decir que cualquiera se siente reputado para ofrecer indicaciones y corregir a un docente.

–¿En algún momento te has sentido desacreditada como experta en tu materia?

–Sí. Por mi asignatura me encuentro con padres que vienen a reclamar y, como llevan a sus hijos a academias, el otro profesor es el que lleva la razón, que es al que pagan. A ti te lo cuestionan absolutamente todo.

Se trata de algo que va calcificando en la cabeza de demasiada gente: que no existe nada que merezca el nombre de *autoridad simbólica*. Que no es tanto lo que un docente tiene que saber. Cualquiera podría hacerlo. Lo piensa gente de fuera de la escuela, y lo piensa demasiada gente de dentro. "Nos falta unión y apoyo", me dice J. Hay demasiados veteranos convencidos de que ninguno con menos experiencia que ellos sabe hacerlo bien. En las reuniones, cuando alguien consigue saltar la barrera y confesar que está teniendo problemas con un alumno, con una clase, más pronto que tarde aparecerá la opinión de otro docente confraternizante: "Pues yo con ese alumno, con esa clase, no tengo ni un problema".

Habitación. Oscuridad, excepto un flexo que baña de luz un teclado. Plano detalle: bolígrafos dispersos. Cuadernos. Un vaso de vino a medias. Voces en off.

Volvamos a la emotividad. Sabemos, ahora que vivimos una sociedad psicologizada, que hay emociones que tenemos que cuidar, incluso alimentar a diario, porque son imprescindibles. Hemos oído hablar del poder de la ilusión, por ejemplo, y sabemos que es síntoma de vida. Y que la alegría de uno es contagiosa y empuja a los otros con quienes se convive. En el caso de la escuela, sabemos que las emociones entran en reacción cuando interactúan con el clima que habita el aula, y que por eso hay que darles una atención adecuada. Por supuesto que la alegría de la profesora, del profesor, contamina a los alumnos y los empuja hacia delante. Sabemos que en cualquier tiempo y lugar la amistad es imprescindible, y que hay que mantener el buen humor si no se quiere perder la cabeza. En la escuela, más aún, de ahí que las relaciones entre profesores deban ser cuidadas con mimo. Pero hay escenas que ya hace tiempo que son un anacronismo: Dar un abrazo a un compañero en una escuela, en un instituto; saludar por sistema a cualquier persona –alumno, profesora, conserje– con la que un profesor se cruza por los pasillos. En ese clima de vaciamiento emotivo ocurre, sin embargo, que demasiada sonrisa a las 9 de la mañana despierta suspicacias. Y militar en la simpatía es considerado un factor de riesgo, distorsiona el ambiente. "¿Por qué sonríes siempre? ¿Nunca tienes problemas?" Las veces que he oído ese comentario –y han sido unas cuantas– he encontrado también en quien las decía destellos de hostilidad. Porque en el aula posmoderna, cada vez más cercana a un centro de preparación para el trabajo neoliberal, todo lo que signifique emotividad debe quedar fuera, por principio.

Lo he visto en cada centro donde he trabajado: el profesorado se disgrega, como grupo tiende a la atomización. En parte, las razones de esa tendencia se encuentran en la propia condición del trabajo en la escuela: cada docente tiene un horario personalizado, asume un cierto aire de artesano en su taller, de experto que no necesita opiniones que lleguen desde fuera, entra y sale sin necesidad de esperar a nadie. No espera/no requiere esa fuerza que transmite un entrenador en el deporte. El docente camina así hacia una versión de yo hermético, autosuficiente por error, hasta asumir como rasgo de su independencia lo que no es más que soledad. J. dice que a menudo ha detectado esa carencia, que en determinados momentos ese apoyo emocional, incluso físico, que pueden dar otros profesores hubiera marcado la diferencia. "Nos falta unión y apoyo". Creo que algo parecido le he escuchado a cualquier docente en algún momento de su vida laboral.

Para que se dé el hecho educativo no bastan los pupitres, la pizarra, los libros, una programación. Ni si quiera el docente en el aula asegura que se produzca. Si no se construye el ecosistema en donde pueda fluir de manera natural la emotividad –y eso incluye a alumnos y a profesores, y sus múltiples relaciones– lo que se producirá en el aula será otra cosa, algo que acaso se parezca al hecho educativo, pero que no lo es. Tendrá otros efectos, y no serán especialmente favorables a lo humano.

Plano general. Plató de TV. Pantallas. Mesa industrial, de un blanco agresivo. Tertulianos.

En cualquier debate sobre educación se invoca continuamente el argumento de la opinión pública. Se dice que "la opinión pública considera que los docentes...", o bien que "la opinión pública cree que las materias deberían ser...", y la proposición está al nivel del argumento de autoridad. Suena imbatible. La clase política es muy dada a invocarla cuando considera que le puede ser útil, como en momentos en que le conviene justificar un aumento de la ratio o aumentar la presión sobre los docentes para que apliquen cada nueva normativa. En los meses previos al curso del Covid, hubo en Madrid un consejero que no tuvo problema en llamar "traidores" a los profesores que protestaban por lo que parecía un comienzo de curso caótico, y añadió que la traición era contra el resto de trabajadores –sanitarios, empleados de supermercado, etc.– que, según la falacia, era a quienes realmente hacían daño.

"Como opinión pública oigo muchas cosas en contra de cómo actúa un profesor, así que escojo callarme, o entraría continuamente en discusiones y no llegaría a ningún sitio. No se acepta oír las opiniones de un profesor", dice Cristina P. Vista así, la *opinión pública* se confirma como otra arma arrojadiza, particularmente efectiva contra el profesorado funcionario, que es el que ejerce en la escuela pública. Concurre además otro detalle, y es que este perfil docente es el que atiende a la inmensa mayoría de alumnos de clases media y baja. El arma arrojadiza, así, suele reservarse contra la escuela pública, y desde lo que supuestamente es la opinión extendida entre las propias clases media y baja. Y es cierto, existe una inconcreta animadversión hacia las y los profesores, que se vuelve más aguda a principio de curso ("¿Cuándo empiezan las clases? Que ya les toca a ellos encargarse de los niños") y en días festivos e inicio de vacaciones ("Qué bien, ¿no? Otra vez se van de descanso esos privilegiados"). En algunos casos, la animadversión se alienta desde cabeceras sensacionalistas, en *prime time* y con noticias que se redactan de forma alarmante, donde se habla de algún caso oscuro de abusos, o de profesores sin escrúpulos, que insultan a sus alumnos gratuitamente. Ese género de terrores.

Nos queda Bourdieu, por suerte. Para él, que fue en su día muy crítico con los medios, la opinión pública no existe, sencillamente. La opinión pública es una versión *trans* del prejuicio interesado, que se traviste como la opinión común, cuando no es más que la versión de un prejuicio ejercido por determinados grupos de poder, algunos económicos, otros ideológicos. Esa trampa denominada *opinión pública* ya fue puesta en el candelero por periodistas de otros tiempos, incluso antes de Bourdieu: "La opinión pública somos nosotros", es un dicho común dentro del gremio. Pese a todo, ahí sigue la idea intacta y dando rédito. Leo al sociólogo Miguel Caínzos y a los pocos párrafos se refiere a ella. Afirma que es la opinión pública la que hace "un diagnóstico extremadamente negativo del sistema de enseñanza español, al que se le atribuyen deficiencias tan numerosas como profundas". Ahora bien, la idea de una sociedad que se muestra crítica con el sistema educativo es ambigua: se puede entender que existe una sociedad culta y responsable que se atreve a denunciar un sistema mal diseñado por la clase política y que ha resultado un fracaso, o bien que la sociedad se muestra descontenta, puede que incluso hostil, con la escuela y sus profesores, a los que de alguna manera se considera responsables de ese fracaso. De cualquier forma, a la opinión pública, signifique eso lo que signifique, nunca se le explicará adecuadamente que en la deriva actual los docentes son meros convidados de piedra. Que los docentes observan atónitos cómo pasa ante sus ojos cada nueva ley, cada nueva reforma sin que puedan opinar al respecto, ni mínimamente. Más tarde, cuando haya alarmas de que la nueva norma vuelve a ser fallida, se volverá a insistir en que la opinión pública se muestra particularmente descontenta con el sistema. En resumen, descontenta con los docentes, que son quienes ponen cara a la administración.

Leo en eldiario.es un artículo en el que un docente anónimo se mostraba superado por el sistema, y emocionalmente hundido. En su explicación decía sentirse "obligado a llevar un corsé asfixiante: currículum inabarcable y mal enfocado, burocracia excesiva, pruebas estandarizadas (...). Al final de la jornada, los problemas sistémicos persisten. De ahí nace una frustración con la que a veces es difícil convivir". Describe bien el estado emocional de todo un grupo humano, que suma unas 750.000 personas en España. Mientras que la opinión pública conceptualiza a las y los docentes como trabajadores privilegiados, se deja a un lado el componente emocional que exige trabajar con alumnos. Trabajar mal, en condiciones adversas y con una normativa que atenta contra lo que entendemos como una enseñanza emancipatoria no se compensa con la paga de final de mes. Existe un salto entre la realidad nefasta y el deseo de culminar el hecho educativo con las mejores garantías que directamente induce la frustración en el docente. La parte emocional, ese plus que se superpone al trabajo intelectual y que permite conectar con los alumnos para llevarlos a una experiencia de aprendizaje, no consta en parte alguna. No tiene reflejo en documentos, no ocupa un ítem de la nómina. Y sin embargo, si no hay emotividad, no hay posibilidad de educación. El aula se apaga. Fundido a negro.

Cine a oscuras. Plano general desde la espalda del público.
En pantalla, algo que parece una distopía.
Cámara avanza por el pasillo.

En la enseñanza actual, desde el colegio a la universidad, es imposible que una profesora, un profesor, culminen un curso sin un saldo frustrante. De año en año el *décalage* entre lo que un docente quiere/puede/sabe hacer y lo que se le exige profesionalmente no para de crecer. Abreviando el tema, se puede decir que al docente ya no se le pide una implicación emocional en su tarea, ni que se vuelque en conseguir que sus alumnos abran las puertas del entendimiento, ni que intente descubrir el potencial de cada uno. A un docente se le requiere: buenas estadísticas, un óptimo control de la disciplina, una exquisita atención a las tareas burocráticas, que no discrepe de las normas, que aplique los criterios que se le impongan desde arriba, que no pierda tiempo en ejercicios que no sean prácticos. En la actualidad es posible que un profesor o profesora alcancen la más alta estima, aunque en ningún momento se hayan implicado mínimamente en comprender, ni estimular, ni transmitir a sus alumnos la certeza de que a ellos sí les importan.

De esta forma de gestionar el ámbito de la enseñanza solo puede salir un tipo concreto de alumnado y, en consecuencia, un tipo concreto de sociedad. Giorgio Agamben lo explica en *Por una teoría del poder destituyente* basándose en Foucault, para quien la educación es factor básico en la creación del nuevo ciudadano despolitizado. En efecto, una enseñanza basada en datos y en desarrollar competencias prácticas, donde el juicio moral, el pensamiento y la emotividad –es decir, lo humano– no tienen prioridad, lo que forma son trabajadores de éxito y buenos consumidores, pero no ciudadanos conscientes de su posición en el mundo. Lo trágico es que, mientras tanto, parece que buena parte de ese grupo humano conocido como los y las docentes, imprescindible para una sociedad humana y de progreso, ha asimilado de manera acrítica lo que se le imponía bajo el epígrafe genérico de *nueva escuela.*

¿Suena alarmista? ¿Tenemos base suficiente para decir que esta forma de educación nos acerca a un mundo distópico? No, no lo considero alarmista, la alarma se disparó hace tiempo, pero no parece que nadie atienda a su llamada. Y en cuanto a si la distopía está por venir, creo que es un debate que carece de sentido. Solo hay que levantar la vista y contemplar el panorama de botarates que nos gobierna para saber que ya hace tiempo que habitamos la distopía. Los gobernantes que hoy asustan, los Trump, Putin, Lukashenko, Kim Jong-Un, Orban, Duterte o Bolsonaro, no desmerecen de la lista larga de dictadores que nos dejó el siglo pasado. No hay que prever un futuro gobernado por el mal; el mal está aquí, perfectamente instalado y legitimado según los estándares actuales. Una buena fecha para marcar el surgimiento de la distopía sería 1989: el mundo contemplaba en directo los estertores del comunismo, con el muro de Berlín como metáfora, y no sabía que desde ese instante el capitalismo camparía a sus anchas por toda la faz de la tierra, como una plaga del Apocalipsis. Las condiciones de vida actuales serían su resultado, con una clase trabajadora sin apenas derechos y camino del esclavismo 2.0, la ecología entrando en la UCI con pronóstico reservado, una ideología –el neoliberalismo– instalada en los países de la OCDE, a punto de elevarse al nivel de una fe incontestable, y una acumulación de riqueza obscena como no se ha conocido en la historia del planeta. El sistema educativo actual, así las cosas, no sería el catalizador de distopía alguna, más bien el colaborador necesario, una herramienta diseñada por el sistema a su imagen y semejanza.

Pero quedaría aún una última explicación posible: según ésta, desde que el ser humano desarrollara la primera estructura social –la tribu, el poblado, el clan– la distopía ya estuvo ahí. La Historia, siguiendo este hilo, no sería más que el relato de una distopía que se expande en el tiempo. Que crece y va sofisticando sus mecanismos de autoprotección, y que por ello se ha sobrepuesto a cualquier intento de los desposeídos por contestarla. Así ha sido en toda época y en toda cultura. Solo en tiempos muy recientes ocurre que diversos pensadores coinciden en un mismo momento, y se unen en la idea de que es posible pensar un mundo diferente. Son pensadores, se llaman *ilustrados*, y consideran que hay que despojar a la humanidad de su deuda con el mito para emanciparla y permitir que se gobierne a sí misma con la

Razón. En ese intento revolucionario se reserva a la escuela un papel determinante. Una enseñanza libre de miedos, abierta a la investigación, crítica con su mundo y sensible a todo lo que sea humano es la condición imprescindible del nuevo ciudadano emancipado. Ese es el proyecto, un nuevo ciudadano, libre, culto, dueño de sí y éticamente superior, solidario, justo y volcado en el otro. Trescientos años más tarde, el proyecto sigue siendo proyecto. Ha habido intentos de lograr que esa escuela tome forma, pero han terminado siempre distorsionados. Se ha logrado alfabetizar a la práctica totalidad de la población mundial, pero su objetivo ha sido siempre asegurar que se repone la mano de obra generación tras generación. La alarma actual suena contra ese tipo de enseñanza que se empeña en perpetuar un modelo de mundo, un mundo de gentes sin emancipar.

En una entrevista a Ken Loach, cuando promocionaba su última película, afirmaba que a esta Humanidad le quedan un par de generaciones antes de que triunfe el caos. Loach en el fondo es un optimista impenitente, y por eso se niega a dar el diagnóstico real: que el caos ya ha triunfado, desde siempre. Lo saben quienes se dedican a la enseñanza, que bregan a diario para que la nueva generación sepa distinguir el orden del caos. La alarma que suena, entonces, es en realidad una llamada hacia el futuro. Y la respuesta que se necesita para salir de ese estado no la va a dar quien precisa del caos para seguir manteniendo el propio beneficio; la respuesta solo pueden formularla los docentes. Y requiere un gesto audaz: apropiarse del mando, de los resortes de poder desde donde se dirige el sistema educativo. O se forma una nueva ciudadanía, o se perpetúa la distopía de siempre.

DOCENTE SALIENDO DEL HOLOGRAMA: UNA CONVERSIÓN DEL S. XXI

Soy estrés cinco días a la semana –o siete– en armonía con el calendario lunar y el religioso, que son los que marcan en este país las fechas de los parones. El estrés de un maestro, de una profesora, existe. Puede ser comprendido o no visto desde fuera, pero de lo que no se puede dudar es de su corporeidad. Está, convive, incordia.

La escena es así: Una profesora, un maestro, se despierta de madrugada, mira el reloj. Comprueba que faltan aún dos horas para que suene la alarma pero ya se siente lúcido como si fueran las 12 h. del mediodía. En el tiempo en que va al aseo y vuelve ha repasado el horario del día que le espera, y ha previsualizado dos conversaciones pendientes y una llamada a una madre que le exige una reunión. Vuelve a la cama y no logra desaparecer de nuevo en el lago de la inconsciencia, y no es buena señal habida cuenta de que en las últimas noches su sueño es superficial, y de apenas unas cinco horas. Como sigue en plena vigilia, comienza a testear cada músculo, cada sonido que el cuerpo emite, el bombeo de la sangre. Es así cuando nota un pálpito en segundo plano, un bombeo sincopado, como en un *reggaeton*. Al principio se dice a sí mismo que seguramente es normal, y trata de convencerse de que no hay que perder la calma. Sin embargo, el reggaeton a esas horas no le inspira confianza.

Se levanta media hora antes de la alarma. Se prepara el desayuno con torpeza –saca la cocacola en lugar de la leche, ha abierto tres veces el armario y lo ha cerrado sin saber para qué–, se asea a un ritmo ineficiente. En todo ese tiempo mueve los labios sin parar al compás de alguna argumentación que va rumiando desde que se ha levantado. Cuando la tostada sale despedida la mira como si estuviese debatiendo con ella y tuerce el gesto. Pasan dos minutos, la tostada no contesta. Si uno o varios de estos síntomas concurren, es que el estrés ya vive entre nosotros. No echarlo fuera a tiempo significa que en adelante será uno más en la familia.

Dramatis personae

Hablo con Mª Eugenia, 29 años, docente convencida antes y después de estudiar la carrera. Me dice que, tras varios años ejerciendo, es más consciente de lo que implica su trabajo, del grado de influencia que tiene sobre sus alumnos. También me cuenta que su trabajo como maestra de primaria le da la vida, le da la muerte, pero más le da la vida. Me pone ejemplos de lo que le parece la parte dura de la vida docente: "Una madre puede venir a abroncarte, y nadie en el equipo directivo hará mucho por ti. Los compañeros, tampoco. A mí me ocurrió con una persona que amenazó con denunciarme, con meterme en problemas. Me gritó delante de otras maestras y de niños en el colegio y, ya te puedes imaginar, el caso no tuvo más consecuencias".

Son lances de la vida como docente, pero se repiten con demasiada frecuencia. Y se permiten. Entre los docentes, y de manera preocupante entre los equipos directivos, existe la idea de que una madre, un padre, tienen derecho a reclamar. Aun cuando esas reclamaciones sean ridículas y los modos se aproximen a la violencia, aunque solo sea verbal, los centros son muy indulgentes con padres y madres.

"El motivo por el que esa madre me levantó la voz en público es lo más descorazonador: me dijo que su hija se sentía demasiado feliz conmigo y que algo así no se podía tolerar. ¿No lo entiendes, a que no? Pues me ha pasado". Lo cómico de la escena no resta ni un ápice de lo que tiene de violencia. Porque ese es el sustantivo que hay que usar: violencia. No es *una reclamación*, ni es *un derecho, ni una queja que hay que entender*: es simplemente violencia. El lenguaje es un territorio movedizo en el que se hunde la escuela tal como la entendemos. Pues bien, se impone como tarea recuperar el dominio del lenguaje. Hay que ser precisos, hablar con propiedad. Si es violencia, se le dice *violencia*; si es agresión, se le dice *agresión*. "Lo peor es que pasó lo de siempre, y nadie hizo nada por mí en aquellos días. Lo único que le preocupaba al resto era la urgencia de entregar informes, programaciones y demás, que son cruciales para la vida de inspectores y otros cargos".

Hablemos de presión. Como docente, de eso sé algo. Empecemos por el calendario de una semana a mitad de curso, con mis tareas reales, enumeradas: una reunión fuera del horario lectivo para organizar un examen de acceso a ciclos formativos –un trabajo de la administración, no tiene nada que ver con mis alumnos–; una sesión como tribunal evaluando los Trabajos de Investigación de 2º de Bachillerato; una reunión con la coordinadora de la E.S.O. que me pasa material para mi tutoría, a la que tendré que explicarle otra vez cómo tienen que hacer la preinscripción en el centro que escojan para el año siguiente; leo varios correos donde me explican: a. que la semana que viene habrá un día dedicado al deporte, del que no sé gran cosa; b. que el martes mi tutoría irá a una charla especial sobre orientación laboral, por lo que perderé mi hora de clase; c. el lunes, además, mis alumnos tendrán una charla sobre afectividad y sexualidad, volveré a perder mi hora de clase; d. el jueves repiten hora de afectividad y sexualidad; d. que tengo que revisar los *dossiers* que se proponen a los alumnos a final de curso como trabajo interdisciplinar, lo que supone un trabajo previo a la reunión de departamento del viernes, donde habrá que concretar cambios; e. que el día del libro está al llegar y e1. hay que recoger en cada clase los textos que entran en el concurso y, e2. hay que organizar cómo será el taller de cine que ha propuesto mi departamento; f. que como he sido designado tutor individual del Trabajo de Investigación de un alumno de 1º de Bachillerato y tendrá que empezar a recopilar información antes del verano, tengo también que insistir en buscarlo –no es alumno mío en este curso– y rogarle que me vaya informando; g. que informe a la profesora encargada del informe TALIS en cuanto haya cumplimentado el cuestionario *online*, del que luego se derivará un informe internacional sobre la baja calidad del profesorado; h. que varios alumnos faltarán a clase esta semana por excursiones varias, y que no caiga en el error de ponerles faltas, que luego generan quejas de los padres; i: que varios padres se han quejado de que no les llegan a diario todos los avisos de faltas, retrasos y amonestaciones, por lo que se ruega que no caigamos en el error de no poner las faltas en la plataforma digital que se contrató *ad hoc*; hay más correos, pero no los he leído; he tenido que llamar por teléfono a dos familias de mis alumnos a fin de concretar reuniones de seguimiento; como para fomentar la lectura ponemos como tarea un libro por nivel, me he tenido que leer dos obras de teatro y buena parte de una novela de 500 págs. A todo esto, sí, también imparto clases a cinco grupos con una media de 30 alumnos, entre los que se incluyen varios que requieren una adaptación curricular. El viernes mi nivel de frustración en sangre es de alarma, por motivos evidentes. Entonces una idea me asalta, como un *jab* inesperado, pura intuición: en todos mis años de carrera docente siempre he sentido la necesidad de ir corriendo para cumplir con lo que se me pedía, pero nadie me ha exigido nunca que mejorase mis clases. Ni siquiera eso: nunca nadie me ha pedido una opinión sobre cómo mejorar la manera de enseñar, qué se podría hacer para lograr que esas chicas y chicos sacaran lo mejor de sí mismos. Y eso es lo único que debería desvelarme. De entre todas las cuestiones que puedan aparecer en el día a día, solo esta me parece urgente.

Existe una relación entre estrés y calidad de la enseñanza, y es como cabría esperar, una relación inversa. A más estrés del docente le corresponde una bajada del nivel de calidad de la enseñanza. Es invariable. El estrés es responsable de que la ilusión, la dedicación y la creatividad de un docente entren rápidamente en combustión y se degraden. A ello se suma el factor *tiempo* –que es factor *vida*–: la parte de su horario que el docente quema en trabajos burocráticos no deja de crecer, lo que quiere decir que la vida –y todo lo que arrastra con ella– que el docente regala a sus alumnos llega cada vez en una cantidad menor. Para entender el flujo del estrés conviene partir del esquema emocional del hecho educativo, y que se puede plantear así: una familia lleva a diario a su hija o su hijo a un centro educativo; la familia espera que los profesores a lo largo del curso saquen de él o de ella lo mejor, que durante los años que dura un ciclo, se vaya formando para devenir un ciudadano; le espera un futuro incierto en una sociedad incierta y mutante, por tanto necesita una formación en valores, un espíritu crítico, un dominio de su lenguaje que le permita entender e intervenir en su sociedad; como el proceso se alarga hasta la adolescencia, la familia espera que durante las horas semanales que pasa allí sea medianamente feliz, o que esté rodeado de gente positiva, o simpática, en todo caso, de gente que no pueda hacerle mal; esa familia trabaja, y por tanto no tiene más remedio que confiar en que su hija o su hijo está en las mejores manos, las manos de gente que vela por su bienestar, y que por ello conoce bastante bien a cada alumno en particular, sabe sus debilidades, sus complejos, sus necesidades de afecto, o de apoyo en alguna materia, o de orientación; esa gente de la escuela le da el trato que se merece. Fin del planteamiento. Ahora procede la pregunta: ¿funciona realmente este circuito emocional que requiere la escuela? Más allá de si se cumple o no con la apabullante tarea burocrática y otras exigencias de la administración, ¿quién supervisa que ese circuito emocional funciona adecuadamente? Porque mientras nadie atienda a la importancia de ese circuito, lo que es primordial en la enseñanza seguirá siendo vulnerable y quedará abierto a todo tipo de agresiones. Y cuidarlo implica, por encima de todo, proteger a los docentes. Mientras no sea así, la escuela no dejará de ser un holograma, una maravillosa apariencia, pero sin cuerpo. A los docentes, por supuesto, se les pide que contribuyan al éxito del holograma, a cualquier precio. Todo por el holograma.

Para empezar, el sistema educativo no puede ser una maquinaria burocrática con principio y fin en sí misma. Un sistema educativo debe ser un órgano, configurado en una serie de disposiciones legales y recursos al servicio de quienes tratan directamente con los alumnos. Porque ellos son el fin, los futuros ciudadanos que, mientras dure su formación, deben desarrollar sus capacidades, ampliar su visión del mundo, iniciarse en la estética y consolidar una escala de valores que incluyan el respeto al otro, la solidaridad, el cuidado del medio ambiente, la desconfianza del consumismo, etc. Y es en ese punto del sistema educativo donde entra en escena el docente. Su actitud motivadora o tóxica, su confianza o desconfianza en lo que hace determinará el modo en que el hecho educativo se materialice en su aula. Su motivación, su energía no pueden consumirse en trabajos al servicio de la burocracia, tienen que arder en eso que Jorge Larrosa denomina los *trabajos del aula*.

Hasta ahora, lo que encontramos en general es el esquema invertido: profesoras y profesores a los que se les consume la energía en una serie de requisitos de tipo burocrático y a los que, solo de manera secundaria, se les exige unos resultados en clase. Los resultados, también hay que decirlo, los reclama la propia administración, y tienen que ser resultados digeribles en informes técnicos, estadísticas por encima de todo. Del bienestar intelectual de los alumnos no es de lo que se trata, se trata de sostener el holograma. Así las cosas, no puede sorprender a nadie que la profesión del docente sea una de las más proclives al estrés, y un docente estresado no es lo que necesita un aula donde lo que se necesita es tratar con humanidad a seres humanos en formación. Pero al docente también se le descuida fácilmente cuando no se fortalece su voluntad de enseñar, por ejemplo, cuando se pone en duda su trabajo o no se le concede el respeto que exige en tanto que experto en su materia. Hemos ido tan lejos en ese aspecto que la sociedad considera que el docente ya está suficientemente recompensado con su sueldo y sus condiciones laborales, y no necesita más. Se descuida así la autoridad simbólica del docente, el respeto que se merece como responsable de instruir a la nueva generación. La llaga que se abre así sobre la escuela no apunta a nada saludable. Cuando una docente, un docente, sienten que no son respetados –por su equipo directivo, por su consejería de educación, por las familias de sus alumnos– entran en una deriva enfermiza que se vuelve contra sí mismos. Esa deriva, si no se detiene a tiempo, llevará al docente a la falta de autoestima, de ahí a la desmotivación y a la pasividad, y finalmente al bloqueo del *chip* docente. Las cifras de profesoras y profesores que acaban así en este país son cifras de pandemia: el 70 % del profesorado siente que no es tratado con respeto ni dignidad.

La desmotivación del profesorado es un tema sobre el que se ha investigado a fondo. En uno de los estudios que estoy consultando dos profesores de la Univ. Miguel Hernández, María Ruiz y Juan Antonio Moreno–Murcia, junto a José Antonio Vera, de la Univ. de Murcia, disciernen por un lado la motivación autodeterminada y, por otro, la motivación externa. Ambas son formas de motivar, en el sentido que tiene el término en su origen, donde *motus* es movimiento. Digamos que al docente le incumbe *ponerse en movimiento* para llevar a cabo su tarea, pero cabe preguntarse de qué manera concreta lo consigue. Qué lo mueve o cómo lo mueve a la hora de enseñar. Lo deseable –lo inteligente– se produce cuando al profesor lo mueve su propia iniciativa, que es lo que ocurre si su salud docente es buena. Esto es la autodeterminación, la implicación en el grado máximo, y no solo en la enseñanza. Ocurre también en cualquier aspecto de la vida cuando una persona decide emprender un proyecto porque la ilusiona y cree en él. La otra forma de ponerse en movimiento es aquella en la que la voluntad recibe su impulso desde el exterior. Alguien –algo– impone una exigencia, empuja para que el movimiento se produzca sin esperar a la voluntad. En su forma arquetípica, la motivación externa es la forma que conocían los esclavos que construyeron las pirámides. A todas luces, esta forma de motivación daba buenos resultados: los esclavos se ponían en movimiento y fueron eficaces en sus tareas; el látigo era la otra parte del contrato.

Apenas unos meses en la enseñanza son suficientes para entender que del docente solo se espera la segunda de estas motivaciones. Como está ocurriendo en otros ámbitos laborales, quienes gobiernan el sistema educativo presuponen que el profesorado se activará si y solo si existe una orden –o una amenaza, o una coerción– que lo empuje. No cabe esperar a lo que, por otra parte, es inherente al trabajo de quienes enseñan, la motivación autodeterminada. No, en absoluto. El docente es considerado *a priori* –como todo trabajador– un potencial delincuente, un tipo humano cuya única obsesión es buscar la manera de escabullirse para trabajar el mínimo y salirse siempre con la suya. Al docente, siguiendo esa línea de pensamiento, lo que le cumple es que se le fiscalice de manera continua, hacer que oiga repetidamente el sonido de la fusta. Precisamente el método más rápido para agriar el carácter e incubar la desmotivación de un docente.

Busco por mi centro a Elena, otra profesora recién llegada, dos años de vida docente, velocidad endemoniada. A Elena hay que cazarla más que solicitarla. Es pequeña, tiene cara de colegiala, pero engaña a quien quiera verla frágil. Esos diez kilos de libros y carpetas que transporta de aula en aula endurecen tendones y neuronas por igual. Como tenemos una conversación a medias, le digo de retomarla. Es la hora bienaventurada del café.

Hablábamos de su experiencia el año anterior, de cuando sustituía a una profesora por baja médica y, hasta ahí, todo encajaba en la dimensión de lo cotidiano. "Lo peor –me dice– vino por teléfono, y luego por mail, cuando la profesora pretendía dictarme semanalmente qué tenía que ir haciendo con la clase. Eso comprendía también las fechas de los exámenes, qué tipos de ejercicios debía poner, cuándo tenerlos corregidos, de qué manera. Si había claustro, me llamaba para exigirme qué debía votar. Existía una ley en su imaginario que protegía la disciplina de su voto". Bien, siempre hay gente que no termina de entender su lugar en el mundo, que se instala en una realidad virtual donde tiene el control sobre Matrix, y es absoluto. Gente que existe, simplemente. Solo que en este caso esa gente cuenta con una colaboradora en 3D: la directora del instituto. Elena me explica que la actitud de la directora minaba su confianza, que no la protegió. Su jefe de departamento tampoco hizo nada.

El episodio incluye elementos de drama perverso, y no quedaría mal en un guion cinematográfico. Lo terrible es que episodios similares se producen todos los años, en casi cualquier centro educativo. Y una profesora, un profesor, que experimente ese vacío mientras está siendo acosada –acosado– de manera canina también, no puede dejar de experimentar un zarpazo. Se llama desaliento. Y si el zarpazo es demasiado fuerte y deja una herida que supura durante demasiado tiempo, entonces recibe el nombre de desmotivación. Las variantes emocionales pueden ser, según su grado, desánimo, "un cansancio súbito", una autoestima que se tambalea, o un sentimiento de frustración. En tramos agudos, la depresión. O el abandono de la profesión. O la peor de las secuelas: el cinismo.

Al final siempre alguien menciona Finlandia. Así como en los momentos de ensoñación la cabeza emigra a alguna playa de arena blanca y palmeras, cuando se viene encima la frustración de un maestro la cabeza vuela a Finlandia. Bien, Finlandia es un tópico controvertido sobre el que no voy a debatir en este momento. Sin embargo, hay un punto en el sistema finlandés sobre el que hasta ahora nadie ha podido arrojar sospechas, y es el que tiene que ver con la consideración que se le da al profesorado. Leo un reportaje en el que un profesor inglés relata su experiencia en Finlandia. Se llama **John Hart**, y acabó en el país después de una historia de amor. Tal como se expresa, la historia de amor se extendió a su labor como docente. Pero señala un punto clave, y tiene que ver directamente con la motivación. Según él, mientras que en Inglaterra la inspección dictaminaba hasta el tipo de bolígrafo que debía usarse en según qué funciones, en Finlandia lo que se espera es que los docentes se sientan libres para aplicar su estilo en su actividad con los alumnos. Dicho en nuestro idioma, en los profesores se presupone una capacidad de motivación autodeterminada. Su rendimiento no es observado y medido, y por supuesto no se elaboran rankings de profesores o centros con mejores resultados. Tampoco se permite que los padres coaccionen al docente a través de grupos de *whatsapp*. La explicación es sencilla: ese tipo de presión externa lo único que puede hacer es bloquear al docente, empujarlo, pero hacia la frustración. Por descontado, el rendimiento se evalúa, pero es una atribución de los directores, y para aclarar aspectos en los que un docente deba mejorar está la palabra. Ningún otro medio mejora en eficacia a una buena conversación.

En otro momento volveremos sobre todo ese *hype* que esconde la escuela que se autodenomina innovadora –por cierto, nada mejor que analizar los prolijos indicadores que alimentan los mecanismos de control sobre el docente para entender lo que significa el término *hype*–. Será en otro momento. Ahora es preciso detenerse en historias como las de Elena, Sara, Mª Eugenia, y en las de cientos de nombres que jamás se conocerán, docentes que han vivido experiencias similares, y casi siempre con consecuencias. A la inmensa mayoría los han querido convencer en algún momento de que exageraban las cosas, o bien de que estaban convirtiendo en un problema general lo que no era más que un estado particular de inadaptación. El holograma es grande y tiende a uniformizar cuanto queda en sus contornos, pero todavía hay quien se niega a contribuir a su expansión. Cuanto más atención se presta a los alumnos reales con los que se convive en una clase, menos preocupa lo otro, el éxito estadístico, el espectáculo, el holograma.

LA INSTITUCIÓN Y EL DESEO (DE GOBERNARLA)

Instituciones. En su dimensión social, la especie humana ha tenido cuidado en idear y formalizar instrumentos básicos que aseguren el buen funcionamiento de sus estructuras: la tribu, el pueblo, la ciudad, el estado. Una vez definido su papel y consolidado su funcionamiento a esos instrumentos los denominamos así, instituciones. Una institución nace con vocación de perdurar y fía su solidez a la tradición que la ha forjado. Entre todas esas instituciones, la escuela es indiscutible para cualquier sociedad que quiera prolongarse en el tiempo, al punto de que no es posible hablar de sociedad sin hablar de escuela.

Desde sus formas arcaicas más o menos estabilizadas, cuando se llevaba al muchacho de la mano para iniciarlo en el conocimiento de las costumbres, hasta el día de hoy persiste la idea de que la sociedad se sobrevive a sí misma solo si es capaz de transmitirse su saber, sus valores, su historia, sus modelos de conducta. Es lo que Émile Durkheim y posteriormente Hannah Arendt definieron como la *transmisión del mundo*. Su peso específico es definitorio de lo que será la sociedad en el futuro inmediato. Dicho así es evidente que como institución tiene un valor, y que ese valor es cuantificable por los efectos que desencadena en su sociedad.

Que la escuela es valiosa es algo que se hace evidente a poco que se observe la atención que le han dado siempre y en todo lugar los religiosos, los mandatarios, los negociantes. Por eso desconcierta lo irrelevante que resulta la escuela para muchos artistas, periodistas, pensadores. Se diría que, para aquellos individuos que suelen lamentarse de falta de cultura general, de sensibilidad, de espíritu crítico, de ambición ciudadana, atender a la escuela puede parecer demasiado pedestre. O es que en el fondo la valoración que hacen de la escuela es la de algo muy periférico, o infraordinario, y desde luego sin atractivo. Hablo con gente del teatro, amigos que se expresan abiertamente con franqueza, gente de la pintura, o de la danza, o del cine, y casi siempre acabo con la sensación de que no entra en el inventario que compone su mundo. La escuela es una institución que nada tiene que ver con ellos, algo necesario en tanto que cumple una función asistencial para niños y adolescentes, y que es evidente que una sociedad es mejor si tiene una escuela que si no la tiene. La escuela no concita en la actualidad el interés de las grandes mentes, más allá de algún artículo de un escritor, algún cortometraje ambientado en las aulas. Un anuncio publicitario. Luego sí, luego sí que procede la queja de que la gente no va al teatro, de que la gente no entiende la importancia de pagarle a un creador y no piratear sus contenidos, de que la gente no lee, vaya por dios, qué desgracia de país. Con lo sencillo que parece unir cabos en una lógica de causa efecto, y cómo esperar que una sociedad tenga simpatía por la creación artística cuando en su sistema educativo las artes ocupan una parte residual.

En contraste, el sistema educativo sí suscita el interés de poderes mutantes, políticos, religiosos, económicos, no siempre aparentes y confesos. La prueba palmaria es la abultada lista de sucesivas reformas educativas que los gobiernos han ido dictando

–de todas ellas, la Lomloe no será, ni de lejos, la más perdurable–. Pero existen más evidencias de que hay poderes altamente interesados en la enseñanza: los religiosos, por ejemplo. En España, con su peculiar red de escuelas privadas, la inmensa mayoría religiosas, todavía se desata un rumor de fondo –amenazante– cada vez que un gobierno habla de modificar el sistema educativo. Ocurre cada vez que se plantea reducir la aportación a sus arcas, o cuando se anuncia que la asignatura de Religión no computará para la media final de los estudiantes, o bien si un gobierno proyecta compensar el peso de la asignatura con otra sobre la dimensión del alumno como ciudadano. Abogados Cristianos, la Confederación Católica de padres de alumnos (CONCAPA), la organización Hazte Oír son otros grupos que, desde diferentes posiciones, dan la guerra por apuntalar el estatus de la escuela privada o concertada religiosa. Menos aparatosos son los mecanismos con los que bancos y empresas van consolidando posiciones en torno a la escuela, aunque menos aparatosos no significa menos eficientes. En 1985, cuando llegué a la universidad, viví la primera experiencia en este sentido: mi carnet de estudiante era una tarjeta de plástico con el logo de un banco. Y yo dinero no tenía, ni en ese banco ni en ninguno. Pero el fenómeno ha ido creciendo. He visto cosas que no creeríais: a directores buscando financiación privada para mejorar sus edificios; a empleados de banca privada dando charlas a alumnos de la ESO; al telediario explicando las ventajas de pedir un préstamo con el que acabar los estudios. "Nos ofrecemos voluntarios", me dijeron los empleados de la banca, como si pudiesen disimular que venían en horario en que deberían estar en sus empresas produciendo beneficios a pleno rendimiento. La misión altruista en estas charlas consistía en enseñar a los alumnos que un presupuesto es una idea cardinal, y que servía para asegurar un orden de prioridades en el gasto. Según las charlas, de todos los pagos a los que se enfrenta una familia, el de la hipoteca es el primero e irrenunciable. Por encima de la comida o las necesidades sanitarias. En aquel centro nunca venían artistas a hablar de la necesidad del arte.

Sobre estos mitos edificaré vuestra escuela

David T. me explicó el caso de su alumna rumbosa. Parecía salida de un concurso de talentos para niños con ángel, medía poco más de 1,50, hablaba de igual a igual con los profesores. Por supuesto, en cualquier discusión la última palabra tenía que ser la suya. Se dirigía a todo el mundo con voz de gorgona palurda, y era dogmática. La madre absorbía buena parte de las horas que David tenía en el horario para atender a las familias, pero no parecía que sirvieran de mucho. Una de las muchas veces que la madre tuvo que venir a hablar con David T. ella fue la que dictó premáticas: "No me la cambien. Yo quiero que esté bien y sea feliz, me gusta como es. No me la cambien".

La niña tenía 14 y, en opinión de la madre, ya había tocado el techo de la madurez. Todo lo que merece la pena saber en una vida su hija ya lo sabía.

Otra institución: la familia. Reformulada y en crisis, conservadora, desestructurada, monoparental, poliamorosa, tradicional, homo o hetero, la familia siempre es una institución de influjo fuerte. Sobre la familia acumulamos menos certezas que sobre cualquier fenómeno del universo a años luz de la Tierra. Solo estamos en condiciones de afirmar sin miedo a equivocarnos que la concentración de energía de que es capaz la hace muy similar a un agujero negro. Ocurre que la familia es, además, la institución más próxima a esa otra que es la escuela. La relación entre ambas, en consecuencia, ha sido intensa a lo largo de la historia. Una y otra se miden fuerzas recíprocamente, polemizan. Se sostienen la una a la otra y a la vez se esfuerzan en mantener a tono el músculo de la desconfianza mutua. En el lenguaje siglo veintiuno se diría que están *en una relación,* y huelga decir que esa relación es problemática. Es abierta, pero muy celosa. En casos extremos, la relación puede ser muy tóxica.

Las maestras y los maestros han estado históricamente bajo la mirada fiscalizadora del barrio, de los religiosos, de la policía, pero muy especialmente de las madres y los padres. A los docentes se les ha exigido siempre que tuvieran una conducta intachable dentro y fuera de la escuela, y además, que lo pareciese. Es decir, la vida privada de los maestros ha sido siempre una cuestión política. Se ha mantenido libre con dificultad y, en mayor o menor grado, se la ha querido contener con pautas dictadas a la manera de entender de las familias. Esa fiscalización intensa es la que propició que se señalara a miles de maestras y maestros de la república, lo que implicó más tarde que fueran apartados de su trabajo o, en casos severos, asesinados sistemáticamente mientras duró la guerra civil o en los años subsiguientes. Es el caso que recrea "La lengua de las mariposas", el relato de Manuel Rivas que posteriormente fue llevado al cine por José Luis Cuerda. Si sirve como metonimia, el relato guarda en su interior otros muchos asesinatos de maestros, exactamente 60.000, el número de docentes asesinados por el franquismo, según asegura el profesor Francisco Morente en su tesis *La Depuración del Magisterio Nacional.*

Los hijos son propiedad de los padres (y a ver lo que les dices cuando no estamos)

El relato de David T. es otro de esos lances cotidianos que cualquier docente experimenta en algún momento. Todo docente ha vivido la experiencia de escuchar de una familia qué y cómo debe hacer a diario. Y es algo que ocurre independientemente del nivel al que se dedique. La fina línea que separa la escuela del barrio favorece esa invasión sutil y cotidiana. Tampoco se debe olvidar que existe esa verdad indemostrada –un mito– según la cual los hijos son considerados una propiedad por los padres, de manera que exigir a los docentes lo que deben o no deben hacer con ellos entra dentro de esa nebulosa de derechos que las familias se arrogan. Para terminar de enrarecer la atmósfera solo faltaba formalizar esa presencia en los centros educativos instituyendo nuevas estructuras, y además dotándolas con fuerza legal. Y es así como, de una manera natural, estructuras supuestamente democratizantes, como el consejo escolar y asociaciones de madres y padres se fueron constituyendo como pequeños *lobbies* de las escuelas e institutos. Actualmente se les reconoce su figura legal, tienen un espacio reservado en el edificio del centro, y gestionan un dinero que se genera desde los mecanismos del centro pero quedan fuera de su radio de control. En el caso de las asociaciones de madres y padres, como no hay una normativa que delimite claramente sus funciones, estamos hablando de un poder en claro ascenso. Agencias de viaje, empresas de servicios de animación y deportivos, vendedores de libros y muchos más sí conocen este poder en expansión y saben rondarlo.

La escuela debe estar al servicio de la sociedad

De todos los mitos sobre los que se sostiene la escuela actual, es probablemente el que tiene mejor planta. Los políticos de uno u otro signo se hacen acompañar de él en cada discurso público en el que haya de por medio una entrega de premios a escolares. Si se inaugura el curso en la FP, en la universidad. Cuando se lanza el primer aviso de que una nueva ley educativa está en proceso. Es un mito atractivo que, además, combina muy bien con el lenguaje de la posmodernidad. ¿Quién puede ser el lerdo que no quiera hacer suya una declaración tan *brain–friendly teaching*? Decir que la escuela está al servicio de la sociedad pone a los docentes al nivel de los mejores: los médicos se dicen estar al servicio de la sociedad; las empresas de repostería, las de suministros, las de logística, las de telefonía: todas pueden usar el eslogan y aumentarán su prestigio. Los superhéroes trabajan al servicio de su sociedad. Batman lo hace incluso en los muchos momentos en que es puesto en entredicho y se hunde su cotización en Gotham. No hay que darle muchas vueltas: es pensamiento asertivo, debe firmarlo cualquier docente.

Dos términos problemáticos se cruzan en la oración: *sociedad* y *servicio*, y si combinan bien es porque lo hacen sin concretarse demasiado ninguno de los dos. Es imposible que a nadie le caiga mal la afirmación porque cualquiera puede otorgar a esos dos sustantivos el referente que mejor considere. Significan cualquier cosa, todas las cosas, particularmente las que en el momento de pronunciar el discurso sean adecuadas al interés que se persigue. En un discurso ante empresarios querrá decir que la escuela formará los mejores obreros, los más eficientes y, cómo no, los menos problemáticos. En el comienzo de curso la declaración es el anuncio de que el verano acaba, por fin los hijos volverán a estar ocupados durante el día y las familias quedarán liberadas de ese trabajo que es tenerlos entretenidos días infinitos. La escuela ofrece como nadie el servicio de guardería. Una directora, un director, con aspiraciones políticas repetirá la frase en cada reunión en la que esté presente el alcalde. En la red social X es la breve descripción que aparece bajo su avatar. Podríamos seguir con unas cuantas páginas más de ejemplos, pero estos son más que suficientes para certificar que la frase nos enfrenta –otra vez– a un problema de lenguaje.

La institución *escuela* nace como un servicio de vocación pública. En su versión republicana, tal como la reformula la revolución francesa –la obra de Condorcet es su mejor epítome–, es uno de los grandes logros de la ciudadanía. Por fin la historia contemplaba cómo, gracias a un sistema educativo universal, un niño podía saber que tendría en la vida las mismas oportunidades que cualquier otro niño de cualquier otra clase social. Y eso lo liberaba de su servidumbre de clase: naciese donde naciese el estado pondría a su alcance la mejor enseñanza. En léxico actual hablamos de *ascensor social*: solo una educación pública de calidad ofrece al individuo la posibilidad de mejorar su calidad de vida. Y ese y no otro es el motivo por el que los docentes trabajan en un centro educativo: cada alumna, cada alumno se merece la mejor de las atenciones durante su fase de formación.

Ocurre que la organización de la escuela genera unas rutinas vitales –de los alumnos y los docentes, de los padres y abuelos– que acarrean de manera colateral otros beneficios. Beneficios indudables y necesarios cuando encajan en la lógica de la vida ciudadana, pero que no son objetivo necesario de la escuela. De todos ellos, el más invocado es el de la custodia y tutela de los alumnos. De ahí surge el mito de que la escuela debe ofrecerse a las familias como una guardería.

Es un clásico del telediario la última semana antes del regreso de vacaciones. Siempre la crónica callejera, el periodista con el micro en ristre, padres que lanzan consignas: "Ya era hora, que empiece la escuela, que no podemos estar todo el día con los chiquillos". "Que trabajen los maestros, que ya les toca". Es un rumor tan extenso que en pantalla no aparece nunca quien se atreva a replicar. El fenómeno se repite igual en otras coyunturas, cuando los docentes se ponen de huelga, en los festivos de libre designación, cuando no coinciden con los días de asueto de las familias. Es el momento en que eclosiona un tipo de profesores a los que les seduce lo de la culpa colectiva, los mismos que, en un acceso de sacrificio universal, asumen por todos que, en efecto, se ha fallado a la sociedad. Que los docentes no deben mirar por su propio interés, y que qué puede ser más apetecible que el vaciamiento, la entrega.

La escena, tal como la he vivido:

Claustro. Última hora de la mañana. La directora toma la palabra para explicar el punto único del día: Hay profesores que han discrepado de la manera en que se configura el horario del centro, con varios días en los que se dan clases de tarde. Lo que piden es una moción del claustro reclamando que se reconsidere la posibilidad de una jornada compacta, solo de mañana. A renglón seguido, la directora hace un apunte para limitar el sentido de lo que se va a votar en el claustro. Porque se podrá votar, pero dentro de un marco. Este: En Barcelona ciudad una gran cantidad de centros de secundaria ofrecen clases de mañana y tarde. Se trata de facilitar que las familias puedan acudir a sus trabajos ofreciéndoles un servicio de custodia para sus hijos adolescentes.

Los institutos privados y concertados lo ofrecen, y competir con ellos obliga a ofrecerlo, dice. Es obvio que vamos a votar, pero el sentido del voto se restringe, va a servir como mera opinión. Nada va a cambiar en el horario como está configurado.

Con todo, el debate se produce. Los resultados que se desprenden de una mínima valoración no dejan lugar a dudas: las de tarde son horas perdidas, como ha comprobado la inmensa mayoría de los docentes. Porque los alumnos vienen a clase desmotivados y soñolientos, porque la mayor parte del tiempo se pierde en imponer orden, porque todos, alumnos y profesores, han madrugado para empezar clases a las ocho y después de la comida no parece sensato proponerle al cerebro un reto de envergadura. Esa es la causa por la que se ha presentado la moción. Volver a una jornada intensiva posibilitaría que los alumnos llegaran a casa a la hora de comer y, ya sin prisas, pudieran dedicar la tarde a descansar, a los deberes y a sus ocupaciones elegidas, como danza, asociaciones diversas, deporte. La directora reincide en limitar el sentido de lo que se va a hacer: "Está bien que votéis y mostréis vuestra opinión, pero el centro seguirá ofreciendo jornada partida. Es lo mejor que podemos ofrecer para competir con los centros privados y concertados del entorno, que ofrecen esta jornada. Lo que los padres quieren es un colegio hasta las cinco de la tarde".

Lo que los padres quieren. Parece el alegato irrompible, el multiusos, la navaja suiza de los argumentos a pie de calle. En el debate es oír ese argumento y aparecer uno o varios profesores que lo secundan. Según ellos es el argumento ético, y los docentes que no lo asumen, unos terribles aburguesados que solo piensan en sacudirse la escuela para marcharse a su segunda o tercera residencia lo antes posible. Pero hay algo que no termina de cuajar en su discurso. Hablan y hacen suyo el razonamiento que, a priori, les perjudica, pero siempre queda la sospecha de que además existe un capítulo cero, una escena de la que no se da cuenta. En ella ha habido un acto de contrición: ese profesor, esos profesores, deciden que deben vaciarse de sí mismos y que eso es bueno; enseguida se presentan al resto de profesores como penitentes. En adelante mostrarán sus heridas en pies y manos, y harán pública su actitud de renuncia. Cada nueva intervención será un reproche contra los que no estén dispuestos a ese pequeño sacrificio que es ofrecer la guardería.

"Ha venido la madre de X. Que a su hijo no le ponen suficientes deberes". Lo dice la jefa del departamento, que se lo ha dicho la directora. Le pregunto qué quiere decir "suficientes". Es un tema que se tiene que concretar. "Suficientes" para qué, por qué, según qué. Puesto que la incógnita X es un alumno de secundaria, ese día habrá tenido seis profesores distintos, con sendas posibilidades de mandar ejercicios para casa. Lo más sensato sería pensar que los profesores de X ese día, han considerado innecesario un trabajo extra. Son seis, nada menos. Puedo decir con conocimiento de causa que poner de acuerdo a seis profesores es todo un logro; difícil creer que en ese día haya habido colusión para provocarle a X un paro vespertino. Pero conviene prestar atención a un segundo aspecto: esa familia que exige más tareas no explica qué razón pedagógica la apoya. Quiere tareas simplemente para que su X esté ocupado la mayor parte de la tarde, así la madre, la familia, quedará liberada de esa supervisión –pero ¿no es papel de las familias atender a sus hijos y aportar el cariño, la atención que necesitan? ¿No es charlar, darles una educación, conocerlos, acompañarlos en su proceso de cambios?–. Hay todavía más, un tercer punto que tiene que ver con el modo como se organiza una institución democrática: esa madre que exige para X una mayor cantidad de deberes está exigiendo a seis profesores que modifiquen su forma de tratar a toda una clase. Es la petición implícita en la reclamación, que esos profesores aumenten las tareas que imponen a toda la clase. No se tiene en cuenta a las restantes 29 familias que, tal vez, discrepen, y que no deseen para sus hijos más deberes de los que ya traen a diario. Puede que incluso esas 29 familias vayan más allá, y que sean partidarios de que las tareas de tarde se reduzcan al mínimo, o que desaparezcan, sí, porque creen que sus hijos trabajan lo suficiente por las mañanas en su centro educativo más algunas tardes en ese horario infernal del que nadie quiere cambiar nada, y prefieren que dediquen sus tardes a acompañarlos a la compra, o al teatro, a un concierto, o a visitar a la abuela que vive en una residencia y está esperando un abrazo como si fuera *el* medicamento. Pero no. No hay nada que esperar del espíritu democrático cuando esos padres, que son mayoría, han decidido que a los docentes hay que dejarlos trabajar y respetar sus decisiones. A quien hay que atender es a quien comunica la queja, a quien exige cualquier cosa en un despacho. Que esa relación 1/29 no importa. *Estar al servicio de la sociedad* significa eso, que el contribuyente es lo primero, de manera especial el que hace ruido y pone quejas.

"A mí al final de curso me van a aprobar, digas tú lo que digas".

Esto lo ha dicho una alumna delante de **N. P.**, la profesora de Latín. Lo de menos son las circunstancias o que la alumna previamente y en público la haya llamado *verdulera*. Importa la afirmación de poder en el tira y afloja, la certeza de que el instituto está a su servicio. La profesora acaba de llegar al centro y su estancia no durará más de un año al estar en expectativa de destino. La alumna, en cambio, es veterana; lo de trabajar y esforzarse no va con los veteranos. Por otra parte, los padres son de los que tienen acceso privilegiado al equipo directivo y pueden, digamos, esperar resultados de una reclamación. Días después de pronunciada la frase, el jefe de estudios aborda a la profesora y le pregunta que qué le pasa con la chica, que al parecer es únicamente con su asignatura con la que tiene problemas. Lo del insulto le parece cuestión menor, un detalle que no reviste gravedad. Tampoco la mentira: no es Latín la única asignatura que le va a quedar; a final de curso la alumna suspenderá tres y el resto las aprobará a base de concesiones de sus profesores.

En otros casos similares a este he tenido que escuchar a jefes de estudios explicar una ley no escrita por la cual hay una asimetría entre la tribu y los advenedizos. Según ésta, la atención hay que concederla de manera prioritaria a la tribu –el barrio– y dar un trato de sirviente al extranjero –la profesora, el profesor–. Uno de estos jefes lo formulaba de manera inquietante: "Un profesor tarde o temprano se va, pero las familias siempre están ahí".

A menudo el escenario donde se da este tipo de presiones incorpora una situación de aparente debilidad. Debilidad emocional, quiero decir, una posición de la alumna o el alumno en la que parece estar en desventaja. Los docentes conocen esos mapas emocionales: una alumna que ha dejado de venir a clase y cuyos padres *no saben qué hacer* termina ingresada con desequilibrios psicológicos; familias que aducen problemas económicos diversos, casi siempre inconcretos, recurrentes; padres o madres que insisten en que un hijo o una hija están peleando mucho, les cuesta, pero están peleando mucho. Los motivos por los que se pide un trato especial son innumerables, y a veces también lo son las vías por las que llega esa petición. Tiene problemas de salud y va a menudo al médico, *póngale el examen otro día*. Se siente culpable porque su hermano mayor fue brillante y él no, dele un voto de confianza y verá cómo cambia *si lo pasa de curso*. Su actitud tal vez no ha sido correcta, pero reconozca que *usted no se lo ha puesto fácil.* Son presiones sutiles que salpican todo el curso, aunque es en junio cuando adquieren dimensiones pandémicas. Las secuelas se extienden hasta las reuniones de evaluación y no son pocas las que acaban en conflictos entre docentes. En última instancia siempre aparece una profesora, un profesor que ejerce de conseguidor social y lee delante del resto del equipo docente el memorial de méritos por los que a ese alumno hay que darle *una oportunidad.* Se consideran a sí mismos profesores sensibles, funcionarios *comme il faut*, al servicio de la sociedad. Son los mismos profesores que olvidan lo que durante nueve meses ha sido el esfuerzo o la actitud del alumno y, a más de esto, el daño que en demasiados casos han provocado al resto del equipo docente. Cuando intervienen para salvar a sus pupilos siempre se les atraviesa en la voz un tono sacerdotal.

No diga *alumno*, desde ahora llámelo *cliente*

Años 90. En Berlín el muro acaba de hacerse trizas. Desde ese día un fantasma recorre el mundo occidental: es el fantasma del pensamiento único. La palabra *ideología* comienza a apestar, y se la pone en cuarentena: en adelante solo puede respetarse una lógica, que es la de los mercados. En el mundo económico ya no hay quien crea en las reglas: el mercado va más allá del juego legal, el mercado es libertario, pero de una acracia con estilo y mucho anonimato. Los estados se rinden al nuevo ecosistema supranacional y suprademocrático; en adelante todo se permite si es por el bien de los mercados. Las empresas paulatinamente se deslocalizan, el tejido industrial se da por finiquitado en buena parte de Europa y Estados Unidos, el consumismo pone la mecha a la globalización. El horizonte de cambios alcanza una velocidad espantosa y eso lleva a los gobiernos –a las empresas– a una conclusión: hay que redefinir la escuela. No redefinir la economía, plantear unos límites a los mercados, así como en una sociedad democrática hay unos límites de los ciudadanos, de las pequeñas empresas, y hay leyes, y una constitución. No, hay que redefinir la escuela. Antes que frenar la deriva insana del mundo con un diagnóstico como enseña la escuela, mejor cambiar la escuela para que no se ocupe más que de formar capital humano y se olvide de expedir diagnósticos.

Los ciudadanos, en la democracia del pensamiento único, todavía votan, pero de día en día se hace más evidente que los mercados votan más fuerte. Hay que respetarlos. Y los mercados deciden que esa institución llamada escuela tiene que escuchar algunos consejos si no quiere quedar arrumbada en el campo de lo *vintage*. Para que siga contribuyendo al progreso, la escuela necesita un *aggiornamento* urgente. Algunos argumentos: Los nuevos modos de negocio requerirán millones de individuos trabajando en puestos de gestión nunca antes conocidos. Los servicios multiplicarán su oferta, las nuevas comunicaciones abrirán negocios que ahora ni se plantean, el comercio se expandirá con el dinero virtual, la IA infiltrará la vida cotidiana. El futuro se pone emocionante, las previsiones son de locura y ¿quién, sino la escuela, puede formar y suministrar la mano de obra que se ajuste a esas demandas? No es momento de encogerse, hay que actuar sin complejos y lanzar la escuela directa a la posmodernidad. Y ya que estamos, ¿por qué no dejar que sea la lógica de los mercados la que nos ilumine en ese trance?

Y es así como llegamos a la escuela dirigida con criterios empresariales: no puede haber mejor modo de celebrar la apoteosis del capital. En España el plan comienza a incubarse en 1995, con la LOPEG –Ley Orgánica 9/1995 de la Participación, la Evaluación y Gobierno de los Centros Docentes–, cuando se avisa de que una nueva forma de gestión está a punto de implementarse. La formalización final del plan verá la luz en 2001, cuando se hace pública la norma ISO en educación, que en adelante gestionará la agencia AENOR. Desde el colegio hasta la universidad los centros de enseñanza se regirán con métodos de control de calidad. La escuela por fin se regirá con la lógica de una fábrica; el hecho de educar será entendido como un proceso. ¿Clientes? Por supuesto: son los que se benefician de ese proceso, las familias, a veces los profesores, pero muy especialmente los alumnos. Y son clientes en tanto que receptores de un servicio y, en no menor medida, como contribuyentes que pagan por ello. Siguiendo con la lógica de la empresa, el cliente tiene la posibilidad de exigir, mientras que el que da el servicio –en este caso, el docente– se ve sometido a otro tipo de relación de la que ha tenido históricamente en la escuela. Su objetivo ya no puede ser el de mejorar a sus alumnos, o de transmitirles un saber, o cualquier otro de los objetivos ideales que planteaba la escuela emancipadora, su único objetivo será el de satisfacerlos como clientes. Cambien de mentalidad, dicen los promotores del método: los docentes son servidores de la sociedad. No están para misiones intelectuales ni iluminadoras. Son eso: servidores. Den gracias por ello.

De esta redefinición de la figura del docente, los diversos fenómenos –sin sentido– que se viven a diario. La gran mayoría ni llegan a ser conocidos por la opinión pública. Quedan en el aula, en un despacho, en una llamada telefónica, en la puerta del instituto o de la escuela. En la facultad de Educación, apuntes del segundo cuatrimestre. Son fenómenos que fundan su poder efectivo en la falta de luz. Como los virus. Provocan un daño permanente, también como los virus. A ello hay que añadir una especie de *omertà* que dentro del gremio llama mayoritariamente a preservar esa oscuridad, a colaborar para que no se sepa lo que ocurre más allá de la persona que lo vive. Los argumentos suelen ser de una inteligencia alarmante, pero parecen irrebatibles: "Ya, si tú tienes razón, pero es que los padres pueden ponernos una reclamación ante la inspectora"; "Tal vez no ha trabajado, pero tiene derecho a reclamar el examen"; "Sí, te insultó primero, pero tú eres el adulto y tenías que haberte controlado"; "Cuando boicoteó la clase el profesor le pidió que abandonara el aula pero, si él se niega, no podemos hacer nada; a un alumno no podemos *tocarlo*"; "La oigo todos los días insultar a su orientadora, pero hay que hacer como que no la escuchamos"; "Tiene un 3, no entrega los trabajos, falta a clase: eso ya lo sabemos, pero la familia está ahí y pide explicaciones; dice que no lo motivas".

Todo resulta en una falacia que, en el aula, se materializa en situaciones con visos kafkianos. Nadie que las viva a diario debería autoconvencerse de que es preciso naturalizarlas, asumirlas y seguir sobreviviendo en esa suerte de mundo aparte, pero es lo que ocurre. La falacia comienza con la premisa de que en clase todos son iguales, ergo la profesora, el profesor, son uno más. No deben imponerse. Siguiendo la lógica del servidor, de aquel que tiene que satisfacer al cliente, es el docente quien tiene que motivar, quien tiene que convencer a los alumnos de que callen, o de que trabajen, de que deben estudiar. Llegado el momento del conflicto, el alumno puede estallar, el alumno puede poner una queja, el alumno puede negarse a realizar una tarea, el alumno puede alegar indefensión, el alumno puede dirigirse a la dirección y exigir que se le escuche. Las familias, también clientes, pueden reclamar una reunión urgente con la profesora o el profesor; pueden acudir de inmediato a la inspección educativa, incluso a las más altas instancias de la administración regional, sin que haya un límite aparente. Alumnos y familias son clientes: tienen poder. La falacia lleva a la conclusión perversa de que ni siquiera la pretendida igualdad tiene valor alguno: mientras los clientes tienen poder, el docente carece de él. Se le recuerda desde el primer día, cuando se incorpora a la educación: todos recibimos la lista de ítems con lo que no podemos hacer. Sencillamente: no tenemos poder.

Oír *Fiesta de la democracia*; olvidar lo segundo.

Es consecuencia de esa administración clientelar de lo público: convencer a quien vota de que lo suyo son todo derechos a fin de que siempre haya una masa social satisfecha. Así debe serlo si es que se quiere desactivar su capacidad contestataria, y esto es crucial ya que se toman medidas impopulares, como recortes en sanidad o educación, se promulgan leyes que recortan su protección laboral, se dictan normas que permiten tutelar sus comunicaciones, se amenaza con el fin de las pensiones. A fin de cuentas ese lema de "Todo al servicio la sociedad", que incluye a la escuela, desprende todo el aroma de una consigna hiperdemocrática. Signifique lo que signifique, solo puede tener efectos beneficiosos para el ciudadano. Ahora bien, se merece un análisis a fondo, antes de que la fiesta sea imparable.

En *Escuela o barbarie*, los autores también se preguntan por ese lema. Antes de dar una respuesta, fabulan con la hipótesis de que también otros aspectos de la democracia se puedan poner al servicio de la sociedad, llegado el momento. El derecho, por ejemplo: "Nadie aceptaría un lema que alentara poner el derecho al servicio de la sociedad. Porque no es el derecho el que debe estar al servicio de la sociedad, es la sociedad la que debe estar en 'estado de derecho'". La hipótesis es pertinente, consigue llevarnos a ese momento en que constatamos lo perverso de ese punto de partida tan aparente. Pero van más allá los autores, e insisten: ¿qué tal si convertimos en democrático todo saber, las matemáticas, por ejemplo, o la medicina? ¿No deberían también someterse todas ellas a la decisión de la mayoría? "Pues lo mismo pasa respecto al uso teórico de la razón. No hay que considerar verdad lo que la sociedad opina a través de sus aparatos mediáticos e ideológicos, sino que la sociedad debe aprender a distinguir la verdad de la basura ideológica. Para eso se inventó la escuela pública. La sociedad no es quién para opinar sobre la verdad o la falsedad del teorema de Pitágoras".

Mientras tanto, en nuestra realidad paralela, los docentes miramos perplejos un estado de cosas que ya no parece nuestro. Como esos animales atados a una estaca que ya no está clavada al suelo, pero de la que parece imposible desasirse.

La parte contratante exige a la parte contratante

O lo que se esconde bajo un lema tan polisémico que no significa nunca lo que parece a bote pronto.

Desentrañar el sentido del eslogan "la enseñanza se pone al

servicio de la sociedad" requiere un ejercicio de desbrozado semántico hecho a conciencia. Para empezar, hay que quitarle a la frase una capa tras otra; después, minimizar términos como "sociedad", pero sobre todo "enseñanza" y, en último término, mirar al rostro de ese tipo de seres que se sienten ufanos cada vez que la pronuncian, y la pronuncian mucho –porque la credibilidad no está solo en el lenguaje sino que es un fenómeno estrechamente ligado a la figura del emisor–. Adonde finalmente se llega es a un deslinde con una acentuada intención clasista: el servicio que se ha de dar a la sociedad corresponde a las escuelas públicas, donde se educa la gran mayoría, y a las escuelas concertadas de nivel medio-bajo, que completan la oferta, y ese servicio se concreta como la misión de formar la mano de obra cualificada que necesita la nueva economía. Eso incluye lo que pensadores como Jorge Larrosa han denominado el *capitalismo cognitivo*, esto es, esa forma de negocio que ya no explota un bien material, sino un producto surgido de la idea. La nueva economía, la que mueve grandes capitales, no se interesa ni por el carbón, ni por la pesca o la agricultura, ni por la fabricación de vehículos. La nueva economía mercadea con lo que puede producir un programador informático, un diseñador gráfico, una *youtuber*, el *community manager* de una empresa, una gestora de marketing y, en resumen, casi cualquiera de las empresas que se presentan bajo el colorido rótulo de *startups*. Frente a estas escuelas que hemos denominado "al servicio de la sociedad" siguen estando las privadas auténticas, como siempre, las de élite, aquellas donde es indiferente que haya o no talento: de ellas saldrán indefectiblemente los futuros directivos, CEOs, altos cargos de la administración, diplomáticos, magistrados, presidentes de grandes corporaciones. De esta forma se asegura la permanencia frente al cambio de un determinado tipo de sociedad que no debe cambiar. Que está también por encima de campos semánticos como *servicios* y *sociedades.*

Pero hay más materia oscura escondida en el término *servicio*, algo que escapa al interés social, algo de lo que no se quiere hablar con nitidez y que tiene que ver con lo que se denomina *nichos de mercado*. Se trata de un aspecto que encontramos también en otros ámbitos que hasta ahora habíamos considerado servicios y que ligábamos al concepto *estado de bienestar*. Nombro algunos: la sanidad, el cuidado de la Tercera Edad, pero también la gestión de las carreteras, el ferrocarril, el agua potable. Entendíamos que se trataba de servicios que quedaban bajo la responsabilidad del estado, que se encargaba de asegurarse de que eran accesibles para toda la ciudadanía. Por supuesto que muchos de esos servicios eran deficitarios, pero es que de eso se trataba en una sociedad democrática que apostaba por el reparto justo y solidario de los presupuestos generales. Todo cambia con la llegada del neoliberalismo fundamentalista, previa sanción del entramado legal que define la U. E. Desde entonces se supera el concepto de estado suministrador de servicios para pasar a otro en el que el estado se adelgaza y se autolimita en beneficio de las corporaciones empresariales. Si un aspecto de lo que hasta ahora se consideraba *estado* es susceptible de convertirse en negocio, entonces debe ser gestionado como negocio y, por consiguiente, el estado debe abrirlo a la iniciativa privada capitalista. Eso sirve para bienes tan necesarios para la ciudadanía como el agua potable –"¿Quién ha dicho que el agua debe ser un bien público y gratuito?" preguntaba el CEO de Nestlé no hace mucho–, la sanidad, las carreteras, la banca pública o las residencias de la Tercera Edad. Por supuesto, también sirve para el sistema educativo.

Que existan escuelas privadas y de élite camufladas bajo el rótulo de *concertadas*, es decir, que reciban dinero público a la vez que acotan la entrada para que no puedan acceder a ellas familias con bajo poder adquisitivo, es una de las materializaciones de esa nueva forma de entender los servicios públicos. En la universidad, otro territorio en fase de colonización avanzada, el volumen de negocio llegó a niveles mareantes con el nuevo siglo y en la actualidad se ha convertido en un nicho de mercado apetitoso. La modalidad es lo de menos, cuando hay beneficio posible: los estudios pueden ser presenciales o a distancia, pueden ofrecerse bajo la marca de una universidad de prestigio, pueden incluso durar un fin de semana. Si alguien está dispuesto a soltar dinero siempre se puede ofrecer algo a su medida. Harvard a veces ofrece cosas en Aravaca.

Algunas cifras: si en el curso 2009/10 los estudiantes matriculados en programas de máster eran 12.694 en universidades privadas, ocho años más tarde, en el curso 2017/18 la cifra había crecido considerablemente: la privada ya tenía 73.744 estudiantes matriculados de un total de unos 200.000 alumnos en estos programas.

En 2017-18 Madrid ya tenía 8 universidades privadas frente a 6 públicas; Barcelona, 5 privadas por 4 universidades públicas. En 2022-23, las públicas de Madrid siguen siendo las mismas, mientras aumentan a 12 las privadas. En Valencia se disparan hasta las 7 universidades privadas por 2 públicas.

En las tarifas universitarias, donde las universidades buscan la financiación que les han ido recortando las comunidades autónomas, Cataluña y Madrid se llevan la palma: en el curso 2017-18, el precio medio por crédito en grados en España estaba en 18,00 euros. En Madrid la cifra subía a 24,6 euros; En Cataluña se ponía a 33,5 euros. Aunque los datos del Ministerio de Ciencia, Innovación y Universidades indican que esos precios han ido disminuyendo, la realidad es que siguen existiendo diferencias relevantes entre alumnos al plantearse el costo de sus estudios. La brecha entre los precios de la privada y la pública es clarificadora: 680/1.280 euros por grado en la pública frente a 5.000/30.000 euros en la privada. Pero vayamos a un ejemplo concreto del curso 2024: una alumna, un alumno, que quiera estudiar Medicina en la Complutense tendrá que desembolsar el primer curso 2.737,71 euros, algo que para una familia de clase trabajadora es, de entrada, una cifra disuasoria. Con todo, no nos inmutaría ese cotejo de cifras si, como hasta ahora, las universidades públicas siguiesen ofreciendo los mejores planes de formación, con el añadido del aval que suponen sus largos años de experiencia, pero hay que leer las cifras en un contexto en el que, particularmente en Madrid y Valencia, decrece la inversión pública en universidades –la situación contable de la Complutense es alarmante– a la vez que se facilita la implantación de más y mejores centros universitarios enfocados a la élite que se los puede permitir.

Son solo cifras y, en tanto que cifras, esconden una realidad simbólica. En este caso, la de que el sueño de la igualdad frente a las oportunidades va quedando progresivamente lejos de la clase trabajadora. He aquí lo que queda, en la práctica, de esa cláusula del contrato social según la cual "la enseñanza está al servicio de la sociedad". Cada vez más una alumna, un alumno, de clase trabajadora entiende que su formación le exige un gasto que no sabe si podrá afrontar hasta el final. Un cambio brusco de la economía como el vivido en 2020 a causa de los diferentes confinamientos por el Covid-19 puede dar al traste con ilusiones y sacrificios de muchos años. Como Tántalo, tendrán que acostumbrarse a vivir con el agua al cuello de continuo y, además, mirando de lejos la manzana que, como todo en el universo, se aleja irremediablemente a ritmo constante.

La diferencia entre + y –

En una entrevista para Radio3, charlaba con Jorge Larrosa en torno al papel del docente como funcionario público, y le preguntaba cómo habíamos llegado a este punto de servilismo que parece que se impone a día de hoy entre profesores. No únicamente que se nos exija ser serviles, sino que el mismo profesorado haya asumido esa condición, como si el *zeitgeist* ejerciera un influjo al que no habría forma de sustraerse. Jorge se remitió a los griegos, sin dudarlo: "La escuela, en su invención griega, parte de algo que en aquella época fue revolucionario, lo que algunos llaman *la doble paternidad.* Para darles una enseñanza a sus hijos, los padres tenían que mandarlos a otro sitio, entregarlos a otra persona". Mientras hablaba ponía cuidado en resaltar el espacio de *lo otro*, que el niño tuviera que salir del territorio de la familia y quedar bajo la atención de otra persona para así poder aprender. "El profesor no podía ser un esclavo de la familia, tenía que ser otra persona. Desde los orígenes de la escuela es fundamental justamente la separación de la familia. En la escuela el alumno no es 'el hijo de', es uno más, como otro cualquiera. Por lo tanto, los padres no mandan en esa casa, y el profesor no es un esclavo de los padres, no está a su servicio y, desde luego, tampoco está al servicio de los chicos. La escuela *pública* se define porque no está al servicio de los papás, ni de los niños. Esa es una concepción clientelar de la escuela".

Me viene a la cabeza el término *ministril.* Otra palabra que define bien el nuevo papel que se quiere imponer a las y los docentes. *Ministril* designaba a quien en la administración de la justicia tenía escasa autoridad y se dedicaba a labores tan insignificantes que era ridiculizado por la gente. Para los chistes y gracetas, el ministril era un filón. *Ministril,* como *ministro* y *administrador,* comparte el rasgo *minus* del Latín: los ministriles eran servidores, estaban para atender a la satisfacción de las exigencias de los otros. Frente a ellos se situaba el *magistrado* –obsérvese el rasgo *magis, más,* que comparte con el *magister*–, al que se reconocía como un un prohombre, un cargo necesario y consecuentemente dotado de autoridad. Algo grave –¿un engaño, una degeneración?– ha tenido que ocurrir para que, en tan solo unas décadas, de ser considerados maestros, con el galón que simbolizaba un *más,* los docentes hayamos aceptado casi sin replicar la condición de *ministriles.* ¿Qué ha ocurrido exactamente? La explicación más plausible podemos encontrarla en un combinado cazurro de complejos, mitos sobre la democracia, el descrédito de la escuela pública, pero también un dejarse llevar del profesorado que no ha replicado en las últimas décadas a las sucesivas normas que coincidían en rebajar su autoridad simbólica. Toda vez que se desprende de su obligación de transmitir un saber y se abona al antiintelectualismo, la escuela actual solo puede redefinirse como mera empresa de servicios: cuida niños, concede entrevistas de orientación a padres y madres, y ofrece los únicos despachos de la administración pública donde un ciudadano puede experimentar el poder de decir la última palabra, abroncar a diestro y siniestro si quiere, sin temor a ser llamado al orden. Todo lo que queda intramuros de la escuela está ya definitivamente marcado con un *minus,* es inferior, atropellable. En ese ámbito se ha arrojado finalmente al profesorado.

Nada indica que haya que resignarse, sin embargo. En el nombre de *maestro* sigue estando la clave, solo hay que hacerla valer.

EL REGRESO A LOS AXIOMAS

Reviso mi biografía docente. Veinte años. Que no es nada, ya lo sé. En fin, llegué a la enseñanza y para entonces la LOGSE se había implementado con aparente éxito. Al menos nominalmente las aulas respiraban nueva pedagogía. Veinte años atrás quiere decir el año 2000. Un cálculo rápido me indica que desde mi salida de un instituto como alumno hasta mi regreso ya en la faceta de profesor habían pasado 15 años. En 15 años el mundo pierde la cabeza, deja de respirar, se agita, sufre una muerte y dos resurrecciones, se exalta, se pone en venta. Aun aceptando que el tiempo corre así de alocado, mi primera impresión al llegar a un aula como profesor fue que se había producido un cambio sustancial. Pongamos como atenuante que me tocó como primer destino un instituto recién creado, que por aquella época ni siquiera disponía de edificio propio y tenía alquiladas unas aulas de otro centro que era privado, en un pueblo donde jamás antes había existido un instituto de secundaria. En ese lugar de mi bautismo docente desde el primer día me sentí en un entorno distópico, donde la brutalidad lo permeaba todo, aulas, despachos, reuniones. La profesora de Inglés ya ni expulsaba alumnos; los dejaba en clase y se autoexpulsaba con los tres o cuatro que más o menos tuvieran ganas de trabajar. Sí, es una situación muy excepcional, pero fue la que me tocó en la lotería de aquel año. No me la contaron, la viví en carne propia.

Si menciono la experiencia en esta cronología es por lo que allí se me presentó como el nuevo estado de cosas. Algunos profesores con los que hice cierta amistad me daban consejos de veteranos y yo creía leer entre líneas lo que me parecía el adoctrinamiento en el Nuevo Orden. Decían "Esto ha cambiado mucho; ahora tú no puedes decirle a un alumno…". Y "Si un alumno te levanta la voz, tú no puedes responder con…". Y "Para no tener problemas, nunca saques el tema… Mejor evadir asuntos peliagudos". Y "Cuidado con decir… porque algún padre te puede denunciar". Eran expresiones de saber práctico; me recordaban tanto las historias de la vieja mili que desde pequeño había escuchado a mis tíos. En ellas se cruzaban cinismo, comedia, superchería y tristeza, solo que ahora me pedían que asimilara esas historias como parte de mi realidad siglo veintiuno. Me las apunté para no polemizar, simplemente.

Durante los tres años siguientes trabajé en sendos centros, lo que me permitió contrarrestar esa distorsión que dejó en mi cabeza la primera nave de los locos. Ahora bien, en cada destino me encontré con que las conversaciones de mis nuevos compañeros variaban poco las primeras que había tenido. Se repetían los tópicos y las prevenciones, y el hierro y la sal eran otra vez el hierro y la sal. De nuevo el verbo *poder* aparecía en la columna de los alumnos o de las familias infinitas veces más que en la de los profesores.

En conclusión, llegué a aceptar que en esos quince años hubieran cambiado las costumbres y hubieran entrado en los centros algunas ideas mal digeridas. Me parecía más difícil de asumir que al profesor se le hubiese recluido en un perímetro estricto en el que debía trabajar acogotado, con miedo a no se sabía qué, y bajo el signo de la impotencia –la lista de todo lo que *no podía* hacer era extensa, y se le añadían ítems continuamente–. Era evidente que muchos de esos miedos que yo percibía en mis compañeros se debían a mitos y a infundios que corrían entre profesores y se daban por ciertos sin mucho criterio. En igual medida, eran el síntoma de que en algún momento el profesorado había abandonado la inteligencia como norma de conducta, y desde ahí todo había ido rodando a peor. El cinismo debía parecerles un buen ejercicio de supervivencia mientras no llegaba la jubilación.

El epítome del terror: la Gran Madre Hipotética

Nadie puede dar fe de haberla visto, pero su influjo sobre el centro educativo es indiscutible. Es un signo zodiacal de nueve meses, una esfera de cristal que desde su cénit supervisa el discurrir de las horas. Es incorpórea. Incluye todos los nombres en el nombre, lo que tiene ecos de Cortázar, y de Borges y, por tanto, de Schopenhauer: lo que dice se debe extrapolar a la humanidad toda, cuanto exige es una cuestión de dimensión histórica. No hay reunión a lo largo de un año escolar donde no sea invocada; cualquier consenso deberá configurarse de manera que no provoque su indignación. En el momento en que una profesora acaricia alguna idea innovadora y se atreve a comentarla con un igual, la Gran Madre Hipotética se inocula en el otro y habla por su boca con una oración que sistemáticamente arranca con una condicional: "Y si Ella se entera y viene a…". Todo lo ve, todo lo intuye, no hay físicamente nada que no pueda ser atravesado por su mirada. Para sobrevivir como docente conviene trabajar para Ella. Hacer estadísticas, memorándums, tablitas Excel de colores que luego puedan someterse a su valoración. Anotar minuciosamente cada gesto de los alumnos, cada ejercicio no realizado, no olvidar ninguna anécdota consignando su día, su hora, su minuto: todo el mundo sabe que la Gran Madre Hipotética tiene el poder de materializarse en el momento menos esperado para reclamar la fórmula por la que se llegó a una nota X, y habrá que estar listo para justificarla. Si hay claustro, Ella entra en el quórum. Si el tema es polémico, la decisión se decantará irremisiblemente hacia el "mejor no plantearlo, y se evitan problemas". A Ella se deben renuncias, claudicaciones, el raquitismo de los temarios, la banalización del acto de enseñar. Cuanto se dirima en un centro educativo debe atender por encima de todo a la opinión y su voluntad. Su nombre debe ser reverenciado: se llama Gran Madre Hipotética.

He visto cómo ideas que parecían buenas para mejorar las clases de una determinada materia quedaban rápidamente invalidadas por miedo a que alguna madre –siempre se habla en femenino, como de una gorgona– pudiera poner alguna queja o incoar alguno de los procedimientos disponibles en el laberinto de la Administración. He visto cómo profesoras y profesores recogían velas y dejaban de hablar de determinados asuntos para no incomodar a las familias y evitar invadir lo que supuestamente se englobaba en la categoría de lo privado. En ocasiones la nebulosa del miedo se convertía en terror tangible cuando la actualidad política enarbolaba palabras más encendidas como "adoctrinamiento". De curso en curso, el nivel de exigencia, los contenidos, el tipo de actividades que se realizan en cada asignatura, o la cantidad de deberes han ido adaptándose al humor de la G.M.H. Por ella hemos dejado que se degradase la condición de expertos de los docentes

–su autoridad intelectual–, al tiempo que los centros se rearman con estrategias de inanidad que ponen los pelos de punta.

Temer a los poderes que proceden de lo alto no ha traído nunca nada edificante al ámbito de la escuela. Eso vale para todo poder que se defina como trascendente, como el poder religioso, y para el que se presente como invisible, intangible y ubicuo, como el poder de la G.M.H. Estrictamente hablando, el temor, lo temible o lo amedrentado, son conceptos que no casan con la escuela, no pueden ni tan siquiera tolerarse. Por eso consterna ver que la escuela actual se mueve por criterios de no ofensa, que se autocensura cuando considera que ciertas prácticas o ciertos contenidos pueden despertar la ira de según qué personas o colectivos. Y no puede ser. Con ese *modus operandi* se acaba minando el concepto de escuela democrática y, al renunciar a su cometido como instructora sin otra deuda que la verdad, se va convirtiendo en una institución blanda, sin poder transformador, manipulable, irrelevante. Hay, sin embargo, una forma de prevenir que esa deriva hacia lo intrascendente se cumpla, y es hacer que la escuela reafirme sus rasgos identitarios, su modo de hacer, su sentido. Existen una serie de axiomas sobre los que se construye y que, de tan evidentes, nunca a lo largo de los siglos fueron discutidos. Ni siquiera ahora. Mejor que discutirlos, las tendencias educativas de corte neoliberal ha preferido escamotearlos. Que no se conozcan y, con el tiempo, que se consideren *de otra época.* En justa correspondencia, lo que toca hacer ahora es redescubrirlos y repensarlos.

Los axiomas de la educación son cinco

No parece difícil entender que la educación es un proceso necesario en la constitución identitaria del individuo. De la misma manera que el físico de un niño va ganando en todas sus dimensiones, en los años de la escuela el cerebro multiplica las conexiones neuronales que le permiten ampliar memoria y mejorar la comprensión de su mundo. Ese proceso –tan diferente del otro, el físico, que sí es observable y medible–, es el que debe acompañar el sistema educativo. La escuela, el instituto, contribuyen a que el individuo entienda su mundo y, en ese tránsito, acabe por entenderse consigo mismo. Como objetivo final, lo que se persigue es que el alumno culmine sus estudios preparado para asumir la condición de ciudadano, pero un ciudadano completo, conocedor de su responsabilidad, su posición en el mundo y su relación con los otros, con quienes integra la sociedad. A ese objetivo se debe el sistema educativo, y no a contentar todo aquello que queda englobado bajo el arquetipo G.M.H. Lo definen cinco axiomas. Negar uno solo de ellos es hundir sin remedio cualquier intento de educación que merezca el título de sistemática:

a. AXIOMA 1: El alumno, la alumna, vienen a la escuela porque necesitan *algo*.

Ese algo inmaterial y necesario que se llama *Educación* les permitirá convertirse en ciudadanos de pleno derecho de ese mundo al que acaban de llegar. Al nacer son pura biología; tras la escuela alcanzan su condición de seres preparados para la vida en sociedad, con los beneficios y responsabilidades que eso conlleva.

AXIOMA 2: La profesora, el profesor, son quienes median en la entrega de ese *algo* que los alumnos necesitan.

El alumno no puede descubrir por sí mismo lo que ha costado a la humanidad siglos de ensayo y error, lucha, progreso. Si quiere insertarse en esa línea de progreso y contribuir con su carrera vital, la alumna, el alumno, tienen que apropiarse de ese legado a través de la escuela. De dentro de sí, el individuo no tiene nada que aportar, en tanto su bagaje intelectual y experiencial es aún irrelevante. Si alguien –digamos un pedagogo– le dice que sin esfuerzo, meramente jugando o poniendo en marcha su creatividad puede alcanzar una formación adecuada, construir su propia educación, el alumno debe saber que está siendo objeto de una estafa. La escuela, que lo sabe mejor que nadie, debe denunciarlo.

AXIOMA 3: La alumna, el alumno, tienen que hacer un esfuerzo para apropiarse de ese saber que le ofrece la escuela.

Como ocurre también en el aspecto físico, por muy dotado en lo intelectual que uno sea de nacimiento nunca desarrollará su potencial si no se ejercita. La educación requiere una presencia activa del alumno, que analiza, pregunta, formula, contrasta, debate y reformula conceptos cuantas veces sea necesario. El alumno nunca es un simple acumulador de conocimiento, sino que tiene que apropiarse de cuanto aprende para hacerlo suyo y convertirlo con su experiencia en un conocimiento mejorado. Solo en ese sentido, el alumno es el autor de su formación. Su modelo de mundo, su dimensión ética y su dimensión social se desarrollarán en la medida en que se avenga a participar en ese proceso que la escuela le propone por medio de sus docentes. "Aprender sin esfuerzo" es un *fake*. Decir "No aprendo porque mi profesor no me motiva" es conspirar contra uno mismo.

AXIOMA 4: Sin silencio no hay hecho educativo. El momento del ruido, la algarabía, el juego tienen su lugar en la vida de la escuela. Existen el patio, los momentos para la risa, la expansión a determinadas horas, pero mientras se esté produciendo el acto de la comunicación solo puede haber silencio. La profesora, el profesor pueden comunicar –*comunicar* significa *transvasar,* como cuando hablamos de los *vasos comunicantes*– si y solo si los receptores, que son los alumnos, permanecen atentos y guardan silencio. Si los alumnos no callan, no puede haber acto educativo. Si no escucha, no puede descodificar el mensaje que se le está enviando. Cuando los alumnos creen que lo que se les está diciendo es algo que ya saben y provocan interferencias entre su saber previo y el que se les está ofreciendo entonces aparece lo que en el esquema de la comunicación se llama *ruido.* Cualquier fenómeno que impida el silencio –exterior o interior– acaba con la posibilidad de la comunicación y, en consecuencia, con la del acto educativo. Sin silencio no hay escuela, hay simulacro.

AXIOMA 5: El profesor, por defecto, viene a la escuela con toda la credibilidad intacta.

El respeto no hay que ganarlo, es intrínseco a la condición de profesor. Es otro de los mitos que ha ido cobrando fuerza entre una parte del profesorado pésimamente informado. Se presenta como esa idea perversa de que la nueva o el nuevo deben lanzarse a una especie de rito iniciático –el acto de domar la clase– del que deberán salir ilesos. Si en el trance la clase se revuelve, si el clima se hace ingobernable, la prueba se declarará no superada, y por tanto, la profesora, el profesor, se merecerán la falta de respeto consiguiente. Según ese mito, el respeto hay que ganarlo en combate para merecer la entrada en la tribu docente.

No hay mucho que añadir a ese planteamiento salvaje, excepto que no tiene nada que ver con el hecho de enseñar. Para que pueda iniciarse el acto educativo el docente debe ser respetado sencillamente por la figura que representa: el alumno debe dirigirse a él como a la persona que le ofrece lo mejor de sí durante la clase, y en consecuencia debe mostrarse agradecido. Por lo demás, ese docente, esa docente, son expertos en su materia, por eso tienen su título y por eso están al cargo del aula. Theodor Adorno lo explica así: "Los fenómenos de autoridad [si se quiere echar fuera la barbarie] ya no son ciegos, no se derivan del principio de la violencia". Que todavía haya quien encuentre connotaciones violentas en el concepto *autoridad* perjudica gravemente la comprensión de la figura del docente. Añadamos a *autoridad* el adjetivo *simbólica* si con eso marcamos la diferencia con aquella autoridad pasada que se sostenía en el aula como una prolongación del monopolio de la violencia, pero que no quede duda de que el docente, la docente, incorporan una autoridad que debe ser entendida por los alumnos. Solo mediante un reconocimiento correspondiente las sucesivas horas de clase darán fruto.

Y una aclaración final: Por supuesto que una profesora, un profesor pueden perder el respeto, pero eso ocurrirá cuando quede demostrado que no estaban a la altura de la misión que la sociedad les había encomendado, nunca por el hecho de que la clase haya sido más brava, más fuerte.

ELIJA SU McCURRÍCULUM Y DISFRUTE UN MUNDO DE OPORTUNIDADES

Los hemos visto siempre, pero van creciendo en número y ganan fuerza. Con el confinamiento del Covid-19 los vimos estallar y apoderarse de las redes: llenaban estados de Twitter –todavía se llamaba así–, aportaban datos y noticias, eran expertos en todo. Tuiteros sin estudios en Biología –incluso sin estudios de ningún tipo– podían certificar a mediados de marzo de 2020 todas las características genéticas del virus que desató la tragedia, de qué manera vivía, cómo podía sobrevivir sobre determinados materiales, en qué cifraba su peligrosidad. Daba igual que en octubre de ese mismo año los expertos todavía analizaran perplejos nuevos fenómenos relacionados con el virus para terminar confesando lo poco que aún se sabía en relación al virus. Ocurría otro tanto con la economía: en Twitter y otras redes se contaban por cientos los que conocían tan a fondo los entresijos de la macroeconomía, las posibles consecuencias tras la paralización mundial, los métodos de reactivación, los métodos de confinamiento no lesivos con la economía, y etc., que cualquiera de ellos podía ser el testigo de cargo definitivo en un eventual juicio contra el gobierno, cualquier gobierno. Los tuiteros –esa Gran Masa Cuñada– constituían, y siguen constituyendo, una élite de inteligencia desaprovechada por la sociedad, los estados, las grandes corporaciones, la ONU y la Trilateral, entre otros. No han estudiado, porque ni falta que les hace. Pontifican, no pierden tiempo en tímidas opiniones. Pueden insultar a cualquier forma de otredad, y con derecho, porque no entender sus posiciones es confesar una debilidad mental con la que no están dispuestos a contemporizar. En el caso de la pandemia por el Covid-19 los gobiernos, con todos sus científicos trabajando contra reloj, fueron lerdos y doblemente culpables por no haber atendido a su palabra sanadora.

Bien. Hasta aquí el fenómeno. Pero un fenómeno responde a unas causas, y en ésta que tiene que ver con el conocimiento se levanta una sospecha: que algo ha tenido que ver en ello el moderno sistema educativo. Pensemos en esto: un buen porcentaje de los componentes de la Gran Masa Cuñada son *millennials*, aunque también funge entre ellos alguno más talludito, lo que de cualquier manera tampoco desvirtúa el análisis que voy a proponer. Veamos: son todas personas que han pasado por un centro educativo; un centro educativo, no olvidemos, que funciona dentro de un país que se define como democrático, por tanto se descarta el pensamiento dogmático y todo lo que este acarrea; a todos ellos los ha acompañado desde sus años de formación una estupenda red de medios de comunicación, de entre los que destaca en los últimos veinte años Internet. Según algunas investigaciones, hay entre ellos un alto porcentaje con estudios superiores (aunque es difícil saber si los títulos que se hacen constar son de universidades certificadas, o de la *Hunibersidad de la Bida*, por mencionar una de éxito). Con todos esos datos sobre la mesa cabría llegar a la conclusión de que estamos ante una sociedad medianamente bien formada, por eso cuesta entender esa querencia por noticias de origen oscuro, infinidad de ellas burdamente elaboradas, con las que argumenta buena parte de los tuiteros. Tampoco se entiende fácilmente esa escasa capacidad de tuiteros expertos para debatir con respeto: a fin de cuentas, como se ha dicho, todos han crecido en democracia, donde el respeto a la opinión del otro, el debate tranquilo y la palabra amable debería ser el primer efecto visible de una escuela a la altura de los tiempos.

Hasta aquí, el planteamiento. Tal vez no esté en nuestra mano explicar brevemente un fenómeno sociológico complejo como este, donde entran en juego tantas fuerzas líquidas, pero hay evidencias que llevan a pensar que en la escuela hay algunas pistas. ¿Qué evidencias son ésas? Aquí, una selección de las más rutilantes:

El sistema educativo actual, con su apuesta de halagar al alumno y sobrevalorar sus posibilidades, ha consolidado la idea demencial de que en clase todos son iguales.

Eso incluye, además de la devaluación del capital intelectual que aporta el profesor, la consolidación de la idea de que un alumno, una alumna, pueden tener una opinión tan válida como la de cualquier experto. En resumen, lo que se ha propiciado es un relativismo estólido y peligroso que se puede subsumir en la máxima "mi opinión vale tanto como la tuya". Gregorio Luri recuerda que los antiguos consideraban la opinión como "el tipo de conocimiento que hay entre el conocimiento propiamente dicho y la ignorancia". Y es en ese deslinde donde la presencia de la profesora, el profesor, es insustituible. Desde los años 80 fue ganando cuerpo en la escuela el principio de que no había certezas, que las niñas y los niños debían buscar por sí mismos su propia verdad, y que intentar llevar al aula modelos cognitivos o éticos era una forma de estratagema nada saludable. Los docentes no debían intervenir, al contrario, debían contenerse, actuar como meros observadores en un proceso de conocimiento y de elaboración de un conocimiento y una ética en el que los protagonistas eran los alumnos. Ellos debían, por ejemplo, decidir qué era bello, y sentirse orgullosos de su punto de vista estético, de la misma manera que debían decidir qué era bueno, y sentirse cómodos con su juicio ético. Mejor incluso si los niños y adolescentes aprendían que emitir un juicio, no una mera opinión, sino un juicio, era ya de por sí un ejercicio sospechoso por su fuerte olor totalitario.

Llegados a la secundaria, la tendencia adquiere dimensiones menos inocentes. Esto es particularmente notorio en asignaturas no científicas –por suerte, nadie parece interesado en debatir si una ecuación se puede resolver con diferentes resultados, según sea tendencia mayoritaria entre el grupo–. Entender la Historia, o la Filosofía, o la Estética, solo de una forma superficial puede parecer cuestión relativa: analizadas con rigor, sin embargo, sí podemos llegar a comprender de manera estricta estas materias. Solo en la medida en que ese acercamiento se haga de manera rigurosa el alumno podrá emitir después un juicio. Ahora bien, de ninguna manera se puede pretender que los juicios sean infinitos, y que existan tantos como alumnos. Siguiendo a Luri, lo que encontramos en la actualidad podemos denominarlo *individualismo emotivista*, y es esa tendencia egotrópica según la cual las opiniones de uno son una íntima verdad y no admiten una refutación externa. Esto tiene que ver por igual con el mundo, con el entorno cercano, con el mundo interior.

El sistema educativo ha querido redefinir el concepto de autoridad y lo que ha conseguido ha sido minarlo.

De la posibilidad de que todo el mundo tenga una opinión válida, a la certeza unánime de que *el profesor no se entera*. Así pues, hay que asumir que los docentes no comparten la misma esfera cognitiva que los alumnos, viven en otra, más vieja, más fea, obsolescencia pura, como la de cualquier *gadget* electrónico con más de cinco años de antigüedad. No tienen, pues, nada que decir. Su autoridad intelectual tiende a cero.

A este disparate contribuyeron las nuevas normativas y la expansión de los mitos llegados desde las nuevas pedagogías. El individualismo emotivista cargó de razones a demasiada gente –y no solo a alumnos– y preparó el terreno para este clima de crisis que afecta a la transmisión del conocimiento. Es ese clima el que permite que la palabra de un profesor, de una profesora, pueda ser arrojada por tierra en cualquier momento. La coordinadora pedagógica, el director, el jefe de estudios, la delegada de clase, una madre, un padre: en un momento de conflicto la palabra del docente es siempre más débil. A este estado de cosas también contribuyen los inspectores, y contribuyen los políticos de cada comunidad cuando asfixian con tareas burocráticas a los docentes mientras ningunean su capacidad como expertos en la materia que imparten. Y agudizan el fenómeno: si el docente se dedica en sus tardes a seguir investigando en su materia, a formarse, acudir a conciertos, o a muestras teatrales, o a charlas científicas restará tiempo que debería dedicar a las tareas burocráticas, que lo infectan todo de lunes a domingo. En ese aspecto hay consenso: la profesora, el profesor, deben ser funcionarios y, como tales, trabajadores eficientes. Autoridades en la materia, no se necesitan.

El sistema educativo actual tampoco prioriza que se establezca un criterio.

Neutralizada la condición de experto del docente, cualquier alumno se fortalece con certezas cuyo único soporte es su voluntad. Y voluntad le sobra a un adolescente cuando le falta base real. Algo escuchado en alguna parte, en la tele, en una conversación con amigos, una media verdad aceptada en la familia, cualquier leyenda urbana puede dar mayor fundamento a una idea que los contenidos explicados en clase por sus profesores. Son brillantes los alumnos, todos. Y únicos. En casa se lo han dicho desde pequeños y, mientras tanto, en el colegio como en el instituto se les ha consolidado la certeza. Las notas infladas con las que pasan de curso de año en año añaden la grasa necesaria para que su autoestima engorde con los años a buen ritmo.

Pero ¿qué es un criterio? ¿Cómo se llega hasta él? ¿Existe realmente una cosa con ese nombre? Y, de existir, ¿es ampliable? ¿Dónde se hallan las guías básicas a las que atornillar sucesivas ampliaciones del criterio? Cualquier docente que haya pasado algunos años ocupándose de un 4º ESO sabe en qué condiciones reciben el título de Graduado en ESO una buena parte de los alumnos. Se trata del curso con el que se culmina la formación obligatoria de una persona, de manera que hasta ahí eran alumnos, ahora son oficialmente ciudadanos. Ya pueden ejercer un trabajo. Con dos años más tendrán la capacidad de emitir un voto. La inmensa mayoría, sin embargo, ha llegado hasta el final de la ESO sin saber qué es una sociedad ni qué problemas latentes quedan abiertos en espera de una generación preparada que se decida a atacarlos. La inmensa mayoría ni se ha planteado un dilema digno del nombre en todos sus años de formación. Terminan, eso sí, con la conciencia nítida de tener ideas claras, pero siguen sin saber qué es un criterio.

Los profesores que les premian al final con un bonito acto de graduación de alguna forma incluyen en esa despedida una nota añadida, una nota con la que certifican que sus alumnos ya están listos para vivir en sociedad. Sería un buen momento para plantearse la cuestión, y que los docentes reunidos se preguntasen unos a otros: Pero ¿hemos hablando con los alumnos, en el tiempo que estuvieron en nuestras aulas, de los temas candentes que mantienen en vilo nuestra sociedad? ¿Les hemos enseñado a indagar, a buscar razones de peso en noticias, en datos, en intelectuales y científicos de referencia?

No, honestamente deberíamos reconocer las muchas veces que nos hemos inhibido de analizar ante nuestros alumnos un hecho actual. Las justificaciones son innúmeras, y las conocemos todas de tanto escucharlas entre otros profesores, pero el resultado de esa inhibición es una tragedia de dimensiones invisibles –por el momento–. Evitar el debate, autocensurarse frente a problemas acuciantes, *dar clase y punto* como exigen los que nos acusan de adoctrinamiento es lo que permite que un alumno acabe la ESO sin tener idea de qué cosa es un criterio. Consecuentemente, estos chicos que están celebrando su graduación tienen todas las probabilidades de ser los mismos ciudadanos que unos años después se dejan fascinar por la llegada de facinerosos que en política prometen acabar con los problemas fácilmente. Se llamen Trump o Milei o Viktor Orban, esa manera suya tan de hombres de hierro resultan seductores para ciudadanos formados en un concepto débil de verdad. Los mismos ciudadanos *con estudios* que aparecen en X o Facebook llenísimos de argumentos burdos que se viralizan sin control, incapaces de verificar una fuente, de distinguir una idea con fundamento de otra conspiranoide, o pseudocientífica, o estúpida sin paliativos. Introducir la actualidad en el aula durante esos cuatro años que son la ESO habría sido un modo privilegiado de formar a los alumnos en el respeto por la autoridad de los expertos, que es el paso primero para la formación de un criterio. El golpe de gracia al relativismo abstruso de estos días. El recurso a las herramientas propias de cada disciplina, la ayuda de los docentes en la discriminación de fuentes fiables y dudosas y las demás prácticas propiamente académicas habrían terminado de afirmar en el alumno una idea de rigor. Ese rigor es el método con el que se supera lo que es tan solo una opinión y se accede a un criterio.

Han pasado años, y ya no duele verlo. Pero hubo momentos en que los docentes se echaron las manos a la cabeza y preguntaron a dónde iríamos a parar con la glorificación de la estupidez que iba ganando adeptos, algo que se colaba por igual en los programas de TV y en las aulas. Tengo en la memoria a varios de los que habían sido mis profesores, en el momento de su jubilación. Leí entrevistas en las que se les pedía una valoración de los nuevos rumbos pedagógicos, y todos coincidían en echarse las manos a la cabeza. Eran los 90, ya estaba aquí la nueva pedagogía. Se hablaba de que poner notas numéricas provocaba discriminación, de que enseñar teoría no era tan determinante. Que se podía aprender sin esfuerzo, y que había que pasar de curso automáticamente a los alumnos que no trabajaban, no fuéramos a condenarlos a una estigmatización dolorosa. Treinta años después lo que nos ha quedado es el triste espectáculo que se ceba particularmente con los alumnos de clase media. A ellos se les permite creer que sin estudiar podrán llegar a donde quieran, si es que confían en ellos mismos y luchan por sus sueños. Son quienes ahora han acabado por tomar el poder con su altura intelectual en las redes sociales, cuyos ídolos son gente a su imagen y semejanza, cantantes o futbolistas, o *gamers* profesionales, o *influencers*, o concursantes de algún *reality show* de televisión, donde se puede tener éxito a los 20 años sin haberse entendido con la cultura, la tradición, los principios éticos, el contrato social.

Pero estamos en la fiesta, y hemos venido a darles un título de graduado, ¿no es eso? Hoy hay que prometerles un futuro lleno de oportunidades y tirar de algunas frases de superación personal y autoayuda barata. Es un cuento bonito. Profesores: no vengan a estropearlo.

Manual de instrucciones para fabricar un currículum (pronto, el videotutorial)

Aquí es necesario un hipervínculo que nos permita volver unas páginas atrás. Hablábamos allí del axioma 1, el que determina que un alumno, una alumna, necesitan *algo*, y vienen a buscarlo en el sistema educativo. Ese *algo* difícil de concretar y matizar es precisamente lo que se extiende a lo largo de varios años bajo el nombre de *currículum*. Antes de que se diseñen las programaciones, la ubicación de los alumnos, la ratio de las aulas, el tipo de ejercicios, el horario, etc. el currículum tiene que disponer las líneas de fuerza de lo que se va a transmitir a los alumnos junto con el cómo de esa transmisión. Es una arquitectura compleja y requiere que tanto el centro como los docentes pongan sobre la mesa lo que entienden que pueden aportar desde las respectivas materias a la formación de sus alumnos. Se incluye allí también cuestiones como el tipo de actividad que considerarán más adecuada, en qué medida fomentarán la participación de los alumnos, si las actividades extraescolares tendrán un peso u otro, si la vida escolar será más intensa, con oferta de teatro, de música, de festivales, etc. o si se restringirá a la mínima expresión. Frente a este planteamiento ideal de lo que debería ser un currículum, lo que encontramos en la mayoría de escuelas e institutos reales es una forma de gestionar que elude el dilema. La vida de esos centros educativos fluye bajo la espuma de los días, y eso se traduce en un dejarse arrastrar por las páginas que suma el libro de texto en cada materia, las fechas de las evaluaciones, el calendario de festivos y poco más. No es que esa inercia que dispensa de la obligación de decidir permita trabajar muellemente, ni siquiera trabajar menos, al contrario, la vida de un centro que no se plantea su currículum suele tener un ritmo incluso más febril. Es indudable, sin embargo, que liberarse del trabajo de decidir simplifica las rutinas y acaba por alimentarlas, y eso, para una buena parte de los mortales, ya es un premio. Decidir cansa, la rutina libera. Eso sí: lo que los docentes debemos plantearnos es si a los alumnos los alimentaremos de rutina o de alguna otra creación mejor de la especie humana.

Pero aceptemos que ya hemos superado la primera fase, y que hemos dado un sí quiero a esta forma de gestión del currículum y hay compromiso. Una interrogación se impone en la primera línea en blanco, ésta: ¿Qué necesitan esos alumnos que vienen a la escuela? Si el trabajo de un centro educativo –y, por extensión, de todo un sistema de enseñanza– va a ser responsable –va a dar alguna respuesta– a partir de esa pregunta planteará un debate que a su vez se desplegará en debates múltiples a medida que surjan nuevas preguntas. Cada nueva pregunta crea en el grupo una atmósfera de estrés, inevitable, por cierto, pero ese estrés es justo lo adecuado para indagar en las respuestas que haya que ir formulando. ¿Enseñamos contenidos puros, o contenidos prácticos? ¿Cuál es la proporción ideal de unos y otros? En los días del 5G, ¿la memoria sigue siendo una actividad respetable, o hay que lobotomizar a la especie y desprendernos de ella? ¿Al alumno se le ofrece algo, o hay que simplemente crear un clima favorable y esperar que él lo saque de sí mismo y por sí mismo? ¿Puede aprender por sí solo? En esta etapa de la historia hiperacelerada ¿no deberíamos primar contenidos científico–técnicos, y dejar en un lugar muy secundario –u opcional– las humanidades?

Antes de poder dar respuesta a todas estas preguntas convendría hacer una puntualización: ni todas las respuestas quedarán aclaradas, ni las preguntas se acabarán nunca, en la medida en que la actualidad líquida planteará continuamente nuevas problemáticas. Lo que sí podemos reseguir son las instrucciones básicas, las líneas de fuerza a partir de las cuales un currículum ha de ir creciendo de manera orgánica.

Línea de fuerza 1: Una forma particular de mirada

La alumna, el alumno, llegan al centro educativo por lo general sin haber educado la mirada. Observan y atienden de forma caprichosa, en su modo de estar presentes replican el *multitasking* de sus dispositivos, y se autoconvencen de que les funciona. Escuchar a su profesor y estar dibujando, o revisando un ejercicio de otra asignatura, o apuntando algo en su agenda es tan sencillo como llevar cuatro o cinco conversaciones simultáneas en cualquiera de las aplicaciones que ese día estén de moda. Además –faltaba esa coda tan pegadiza– "no les supone esfuerzo". Es maravilloso ese mito de que todo es posible sin esfuerzo, cómo se extiende en el imaginario de los adolescentes y cómo acaba imponiéndose también en los documentos que rigen el quehacer de los docentes. ¿Qué es esfuerzo, qué se puede hacer sin esfuerzo, más allá de dormir, ver la televisión, tumbarse con los amigos en la playa? ¿Qué puede la ausencia de esfuerzo mejorar en el proceso de enseñanza?

"La lengua de las mariposas", el relato de Manuel Rivas, comienza precisamente en torno al acto de mirar: "'¿Qué hay, Gorrión? Espero que este año podamos ver por fin la lengua de las mariposas'. El maestro aguardaba desde hacía tiempo que le enviaran un microscopio los de la instrucción pública". Se lo había explicado y volvería a explicárselo en clase, pero el maestro insistía en que los niños vieran por sí mismos el fenómeno. ¿Por qué la mirada? Muy sencillo: el niño protagonista, Moncho, es hijo de gente sin estudios, gente trabajadora desde generaciones inmemoriales y, en consecuencia, sin más aspiraciones. La escuela, a través de la persona del maestro, es la que operará la maravilla de abrir sus ojos al gran mundo. La mirada es el camino del conocimiento. Pero será la atención –la mirada en modo activo– la que provocará esa operación compleja que llamamos aprendizaje: "El cuento podía comenzar con una hoja de papel, después de pasar por el Amazonas y el sístole y diástole del corazón. Todo se enhebraba, todo tenía sentido. La hierba, la oveja, la lana, mi frío". Observar los fenómenos del exterior o coger entre los dedos un insecto para ponerlo sobre la palma de la mano no era el conocimiento. Se convertiría en conocimiento más tarde, después de que el profesor llevara a sus alumnos a una serie de conexiones con las que terminaban de cerrar el sentido de aquello que se estaba observando. Para un niño como Moncho, la escuela –el maestro– era la que traía a su vida aldeana y de pequeños horizontes la alquimia del pensamiento lógico: La hierba, la oveja, la lana, mi frío. Bastaba con la mirada para activar el mecanismo, pero el maestro –la escuela– guiaba esa reacción en cadena en el cerebro del niño hasta formular el concepto. No se puede describir mejor el hecho de la enseñanza. Gregorio Luri afirma que todo ejercicio que se realiza en clase cifra su pertinencia en cuanto sirva para "formar la atención profunda que permite captar los detalles de la complejidad del mundo que nos rodea". María Zambrano afina aún más cuando dice que el objetivo de la escuela es "una educación de la sensibilidad, que propicie y desarrolle nuevos modos de "mirar" y "escuchar". Fernando Bárcena lo llama "amor" y, en tanto que amor, "no se puede evaluar, ni medir, ni calcular. El maestro no se limita a enseñar una materia o unos contenidos. Enseña un amor".

Esa forma de mirar atenta es la puerta por donde entra el mundo: eso incluye la sociedad, la economía, la naturaleza, la tecnología, la estética y, por supuesto, el conocimiento del otro. Es a lo largo de ese camino donde uno se convierte en humano. Antes, tan solo estaba el ser biológico, que sabe mirar; después, el individuo inteligente, el que en adelante sabrá elaborar el concepto.

Línea de fuerza 2: Una escala ordenada de valores

Si hay un tema colapsado de expertos ese es el de los valores que deben tratarse en un centro educativo. Son la ocasión para consignas eufónicas, visten bien con casi cualquier traje ideológico, se viralizan fácilmente. Como ocurre con otros muchos temas, sirven para marcar la distancia con el adversario: el *yo* es poseedor de principios, el *tú*, como mucho, puede ser calificado de populista. La cuestión se vuelve menos manejable, menos conciliadora cuando se trata de concretar dichos principios, de nombrarlos y definirlos. Es entonces cuando en el alegato político aparece la pretendida salvaguarda del ámbito privado: hay ciertos valores que deben ser enseñados en casa, y solo en casa. Pero ¿hay base para decir que ciertos valores deben –de manera excluyente– reducirse al ámbito de la casa?

La simple idea de que haya valores que se restringen por ámbitos es en sí misma insostenible. Los valores definen al ser humano y no su lugar de nacimiento, ni sus banderas u otros signos postizos, por lo que no puede estar en determinadas circunstancias exento de los mismos. Plantear, en consecuencia, que ciertos valores no pueden ser enseñados en el centro educativo significa introducir un relativismo que solo se puede entender cuando hay otros intereses ocultos. Lo que se busca razonando así es crear un clima de confusión. Quienes enarbolan el argumento son los mismos que en sus colegios privados defienden libertad para poder inculcar sus particulares valores.

Los valores que consideramos propios de un ser humano actual nos han sido comunicados por ese proceso histórico que llamamos tradición; nuestro trabajo generacional consiste en reactualizarlos para atender a las nuevas demandas de nuestro mundo. En efecto, ideas como el respeto a los mayores, la preocupación por el débil, la deferencia hacia quienes conviven con nosotros, el diálogo calmado, el respeto por la palabra dada, la obligación de buscar el bien, la empatía hacia quienes viven situaciones de dureza y la consideración debida a quien disiente de nosotros son cuestiones básicas en una sociedad democrática y cristalizan en valores. Nos ponen aparte de la vida salvaje, y nos identifican como seres humanos capaces de hacer el bien y de mejorar progresivamente. Estos valores recibidos y considerados deseables no pueden ser relegados a mera opción de la familia. Volviendo a la ilustración que aporta el relato de Manuel Rivas, las familias no pueden ser quienes garanticen esta transmisión: el padre del protagonista es un atareado sastre que dedica su día entero al trabajo, como la madre, que no para quieta. Por lo demás son gente sin formación, que se alimenta de lo que oye y ve en su entorno, donde cabe la noticia apenas escuchada en la radio junto con los mitos que corren de boca en boca. No pueden ser ellos quienes le enseñen el mundo al niño protagonista: esa necesidad de conocimiento solo puede garantizarla el maestro. Si hablamos de valores que han sido aquilatados en la historia, si asumimos que son necesarios para la pervivencia de nuestra sociedad tal como la conocemos, su espacio de transmisión tiene que ser el centro educativo. Puesto que el ciudadano debe conocerlos, ya que su práctica vital debe estar orientada por ellos, la escuela debe certificar que sus alumnos los van a asumir.

Luego están los recelos, las suspicacias, el terror de ciertos grupos a que la enseñanza de los valores derive en una sociedad por la que dichos grupos no están dispuestos a pasar. Y está bien que esos recelos y esas suspicacias se manifiesten: nos sirven como esos reactivos que en los análisis clínicos permiten aclarar el estado de salud. Los debates públicos que el tema de la educación en valores provoca de manera cíclica son la prueba de que hay aún quienes se identifican como demócratas pero se avienen mal con la práctica de la libertad de los otros. Entrar en conflicto es inevitable con este tipo de grupos y, desde el punto de vista histórico, saludable. De ese conflicto, que se debe resolver, que para eso existen parlamentos, foros de debate, medios de comunicación de masas, ha de surgir la sociedad que dé respuestas adecuadas a realidades como la que vivimos actualmente, en una transformación continua. De ninguna manera el sistema educativo debe permitirse ceder en la enseñanza de valores simplemente por evitar un conflicto. Dado que hemos llegado a la conclusión de que nuestros valores son necesarios para la buena marcha de una sociedad justa y perfectible, se impone naturalizarlos dentro del trabajo que desarrollan los docentes. Porque los valores comunican con las acciones, son la garantía de que la sociedad futura va a seguir profundizando en la justicia y el bien común. Eludirlos, contemporizar por mantener una pretendida paz con determinados grupos, es abonarse a un futuro que se puede volver por momentos más y más oscuros.

Hagamos un alto en el camino para revisar un documento verídico que viene al caso. Se titula así:

El estallido de odio y las alarmas por adoctrinamiento: un rizoma

Marzo de 2020. Se declara un confinamiento estricto. Lo impone el gobierno central, que es quien tiene el refrendo de la Constitución. No se vota en referéndum. Ni siquiera se trata de una decisión que en última instancia pueda atribuirse a los políticos, dado que no son expertos en el asunto sobre el que deben legislar, una pandemia. Con el conocimiento sobre el Covid-19 que en ese momento se posee, los expertos en epidemiología deciden que hay que paralizar el país, con todas sus consecuencias.

Twitter: otro país –virtual–. Allí crece de manera exponencial el número de expertos conforme pasan los días. Entramos en abril. Ya son miles los que conocen el comportamiento del virus, el modo en que ataca, sus métodos de camuflaje, los posibles tratamientos, qué grupos humanos favorecen la expansión de la epidemia, los patrones matemáticos que replican los contagios. En relación directa, el odio se expande contra el gobierno, acusado de no estar a la altura de la sabiduría que acaba de eclosionar en las redes sociales.

A esta polémica se le suma otra de tipo crematístico: la economía se ha congelado. No hay que ser muy ducho en Lógica para entender que la declaración del confinamiento traerá como consecuencia una paralización del mundo económico. Contra pronóstico, este tema se convirtió en compatible con el anterior. Los mismos que en Twitter –también los portavoces de ciertos partidos políticos– recriminaban al gobierno que no hubiera decretado con más antelación el confinamiento eran también quienes lo culpaban de haber hundido la economía del país. Se trataba de premisas incompatibles, es cierto, pero funcionaban en paralelo en dos debates que nadie al parecer conseguía imbricar. Servía al propósito de socavar al gobierno –y a la democracia, aunque eso no se explicitaba nunca–, y eso era lo importante.

En uno y otro caso, en el de la gestión del confinamiento y en el de la economía, afloró un hervor de odio que alcanzó picos inéditos en Twitter, incluso considerando que Twitter había sido siempre la red propicia al odio, antes incluso de llamarse X y consolidarse como el báculo de Elon Musk para su particular asalto de los cielos. No solo había una turbamulta de expertos desbordando inteligencia y recetas infalibles para cada problema suscitado, sino que se declaraba como un escándalo que el gobierno no se aviniera a tomar en consideración las recetas que esos expertos emitían. Los biólogos y médicos, los economistas y sociólogos todavía en junio, una vez concluido el decreto de alarma, seguían confesando lo limitado de sus conocimientos, y que la mayor parte de sus decisiones se podían calificar como tanteos en la oscuridad. Todo ese saber experto era filfa al lado del acervo intelectual de miles de audaces internautas. Pero insisto, lo que acabó siendo sobrecogedor fue la eclosión del odio a borbotones. Desde cualquier perfil se multiplicaron los insultos, las bravatas contra epidemiólogos reputados a nivel internacional o contra periodistas que trataban de mantener la cordura escuchando las razones de la ciencia. Todo ese odio era posible y, por lo demás, salía gratis.

El documento aquí abre un capítulo nuevo, que no parece seguir una conexión lógica. Retrocedemos a enero del 2020. Entonces el gran asunto era el PIN parental y la clase política expandía entre la sociedad una tensión insoportable. Entonces se habló también de que el gobierno intentaba manipular a sus ciudadanos por medio de un plan de formateo mental de la sociedad que tenía como objetivo reprogramarla según principios y valores de la izquierda radical. Siguiendo este relato, desde tiempo atrás en las escuelas públicas –de las privadas y concertadas no se decía nada– los alumnos eran sometidos a prácticas de este tipo. Un modelo de adoctrinamiento radical era el que se practicaba en las charlas impartidas sobre temas LGTBI. También hubo un estallido de odio en las redes durante el mes de enero de 2020. La idea de que el sistema educativo –público– era un peligro parecía cobrar fuerza de día en día. Hubo bulos terroríficos, noticias publicadas en pseudoagencias de información, fotos tomadas en universidades americanas que se hacían pasar como de colegios españoles y, por supuesto, estallaron los insultos, amenazas de muerte a periodistas y miembros del gobierno. Y, cómo no, el rito de la sospecha volvía a focalizar a los docentes, las escuelas, el sistema educativo general. En la comunidad de Madrid, donde VOX exigía la implantación del PIN parental, los registros daban un saldo nítido de cero denuncias previas por adoctrinamiento.

¿Qué lectura podemos hacer de estos hechos? ¿Y por qué en el titular los identificamos con un *rizoma*? Obsérvese que en cada uno de estos casos lo que encontramos son brotes similares, donde aparece un odio exacerbado que enseguida estalla contra cualquiera que haga una llamada, por tímida que sea, al sentido común, al diálogo, la razón. Parece que, de manera subterránea, son casos biológicamente conectados –de ahí lo de rizoma–, lo que apunta a un serio problema. Los fenómenos se han prolongado más tarde y, hasta octubre, el rizoma había dado algunos otros brotes, especialmente en la gestión del confinamiento de la ciudad de Madrid, pero también con el tema del rey, que por orden del gobierno no estuvo en Barcelona para un acto protocolario. En cada caso se produjo un nuevo pico de odio.

Entre mayo y julio de 2020 entrevisté para Radio3 a diversos personajes relevantes, algunos del mundo del arte –músicos, actores, escritores– otros del periodismo o del pensamiento. Prácticamente todos, en algún momento de la entrevista, sacaron a colación el asunto del odio. Muchos explicaron que por ese motivo su lista de contactos y amigos en redes sociales se había reducido; varios de ellos incluso aseguraron que cada vez se mantenían más lejos de las redes. Como muchos entonces lanzaron al aire la pregunta de qué estaba pasando, de dónde se había alimentado tanto odio, pasé tiempo pensando una lectura adecuada de los hechos. Inevitablemente cada análisis me devolvía al tema de la educación. Esos gestores de la crispación que desde enero llenaban Twitter y otros medios con noticias falsas y alegatos advirtiendo del fin de los tiempos habían pasado por un sistema educativo democrático. A la vista estaba que el sistema no los había formado para el respeto, ni siquiera para lo que en el momento de la pandemia fue un eslogan: "Saldremos unidos". La conclusión a la que se llega es una obviedad: el sistema educativo, tan dado a las estadísticas, las urgencias, el estrés de sus docentes no se ha tomado en serio nunca su papel como transmisor de valores. Pero sin esa función la escuela que se llama democrática se vacía de sentido; una sociedad justa y solidaria sin esa escuela se convierte en un proyecto cada vez más utópico.

Cuando Kant dice que "No basta con el adiestramiento; lo que importa, sobre todo, es que el niño aprenda a pensar" adonde apunta es a su necesidad de formular una escala de valores, pues el niño de hoy será el adulto que mañana será protagonista de una sociedad emancipada. Indalecio Prieto, siguiendo esa idea, lo explica así: «Cuando no existen las posibilidades de educarse, de levantar dentro de la masa corpórea la estatua magnífica de un espíritu cultivado, no se es hombre, y mucho menos se puede ser ciudadano». No se alcanza la condición de ser humano completo, esto es, civilizado, en tanto no ha recibido la formación en los valores que son propios de su sociedad. Por contra, es posible caer en el error de asignarle la condición de seres humanos a individuos que, por ejemplo, son incapaces de pensar en algo mejor que el dinero, o en otra cosa que no sea la búsqueda del interés propio. El vaciado de valores que se exige a la escuela actual, ya sea jibarizándolos, como exige la educación por competencias, ya sea bajo el brutalismo del "dedícate a enseñar lo que pone en el libro y déjate de adoctrinar", tiene una consecuencia trágica: acaba reduciendo al ser humano a la pura materialidad. Por otro lado, es un modo de estar en el mundo que está en boga: a ese tipo humano ahora se le denomina *emprendedor*. Educar en valores no contribuye a ese objetivo. Ahora bien, nunca hay que olvidar que al individuo formado sin valores difícilmente se le puede reconocer como ser humano. Podrá ser grande, tendrá éxito, si se lo propone, llegará a ser el rey de la estrictamente llamada selva, pero habrá renegado de su condición humana.

Hace unos años Nuccio Ordine publicó ese maravilloso alegato en defensa de lo humano que es *La utilidad de lo inútil.* En un pasaje del libro cita al pensador ruso Aleksandr Herzen, que vivió en el S. XIX, para acabar formulando una conclusión que, sabiendo lo que vino después, tiene visos de profecía. Es ésta: "Allí donde la vida se configura como 'una perpetua lucha por la obtención de dinero', el hombre acaba *de facto* transformado 'en un bien más del sistema de la propiedad'".

Pongo la tele a la hora de comer. En realidad veo una pantalla, pero es mi smartphone, desde donde hace años que veo el telediario, el mismo dispositivo donde consulto redes sociales, la prensa, el tiempo, el correo. Toda la información básica me llega desde la misma ventana con el mundo. Como es una hora indeterminada antes de mediodía, aún no ha empezado el telediario y lo que emiten es un programa de tecnología para niños y adolescentes. Son *frikis*, no sé de qué va, pero me dejo llevar por las secuencias de imágenes. Aparece un breve que gira en torno a una charla TED en la que un programador de más de 100 juegos va a hablar ante un grupo de expertos en marketing. Debe ser un tipo muy conocido porque hay revuelo en la sala y aún no ha aparecido. En el *backstage* la presentadora mira a cámara y explica que ese programador informático sabe muy bien lo que es comunicar y ha llegado a entender como pocos qué es una marca, y cómo hay que darla a conocer. De los ojos de la presentadora saltan chiribitas cuando dice: "Es un experto en marcas; él es su propia marca". El programador de juegos tiene 11 años y se llama Antonio.

Bienvenidos al S. XXI. En un sistema educativo donde los valores tienden a perder presencia, ese muchacho de 11 años a punto de transformarse en un bien de consumo es el modelo a seguir. Su éxito es llegar a ser una marca.

Línea de fuerza 3. Las asignaturas fundamentales, orgullosas de ser llamadas inútiles

Era previsible: la cita de Ordine en el punto anterior anunciaba la llegada de este epígrafe. En *La utilidad de lo inútil*, Nuccio Ordine revisita textos y declaraciones realizados por intelectuales, artistas, políticos, literatos y científicos de todas las épocas en torno a este aserto: que el amor por lo inútil es un rasgo indefectiblemente humano. Hay que zambullirse en ese río ancho que es el libro de Ordine para entender que el debate actual sobre la enseñanza práctica es, de hecho, un debate viejuno. Y lo que a lo largo de la historia parecía quedar fuera de toda discusión era esto, que el ser humano se elevó de las servidumbres de lo animal el día en que decidió hacer algo inútil. Cantar una canción, pintar una silueta en las rocas de una cueva, contar los pasos de las estrellas, mirar el agua que hervía y se convertía en vapor. Mientras otros se movían por lo perentorio, los primeros teóricos humanos se dedicaron a lo que en apariencia era perder el tiempo. En efecto, la historia del pensamiento deja una cantidad de argumentos tan apabullantes sobre este particular que uno pensaría que nos encontrábamos ante un debate superado. Y así parecía ser, hasta que volvieron cargados de razones los amantes del beneficio, ahora travestidos en expertos de la educación. Son los mismos que consideran que la ciencia de base no es interesante, pero sí lo es un buen diseño industrial, o que una teoría filosófica no puede emocionar a nadie como sí es capaz de hacerlo la programación de una App para una campaña de marketing. Si de ellos dependiese, la enseñanza se reduciría de manera drástica para quedarse tan solo con aquello que fuera susceptible de utilizarse en la creación de un negocio. Y ya puestos, el gran disco duro del pensamiento y la ciencia experimental que nos ha legado la historia quedaría englobado bajo la etiqueta de "Actividades sin conexión con la realidad económica"; lo siguiente sería un formateado general del disco, con un pequeño espacio donde, como mucho, se guardaría una inútil copia de seguridad de todos esos archivos no rentables.

Ciencia de base. Filosofía. Matemáticas. Historia. Plástica. Lengua. El grueso del temario que llena las clases durante los años de la escolarización obligatoria parece una suma interminable de conocimientos que no sirven para nada. Dedicamos años a asuntos que no permiten ganar dinero, a nada que sea mínimamente válido para crear una *startup* cualquiera. Los padres lo saben y, a la que les haga falta argumento, le dirán a la profesora de turno que, si por otro motivo no, al menos debería aprobar a sus hijos porque esa asignatura no les va a servir de nada en el futuro. Y lo mejor de todo es que la opinión pública –signifique eso lo que signifique– está en lo cierto: lo que enseña la escuela no sirve para nada. Los docentes insistimos a menudo en una mistificación cuando decimos a nuestros alumnos que tienen que estudiar para poder *hacer algo en la vida*, mientras cada día aparecen en el panorama gentes que triunfan y a las que les va bien sin echar mano de lo que se enseña en un centro educativo. Pero es que necesitamos recuperar el orgullo de ser los conservadores y transmisores de un saber maravilloso que nos ha permitido llegar hasta aquí. Tal vez no tenga una aplicación práctica directa, pero nada de cuanto hoy es capaz de hacer un científico, un artista o un ingeniero sería posible sin aquellos descubrimientos aparentemente inútiles que en su día permitieron entender algún aspecto del mundo.

Pasan años, y los alumnos asisten a clases donde se tratan temas que parecen desgajados de la vida de los adultos, de su entorno. En ese tiempo, y sin estridencias, se desarrolla en el alumno la comprensión del mundo físico, pero también del mundo político, o lo que es lo mismo, comienza a entender las dimensiones de la casa en la que tendrá que vivir como adulto. Las matemáticas, lo entenderá más tarde, manejan sus dimensiones, ordenan el mundo, incluso aportan la llave para su interpretación. Él, ella, los otros: juntos forman una sociedad, comparten pautas de vida, leyes, valores y, por encima de todo, un capital simbólico. Sin la Historia es imposible entender esa sociedad y el papel que tendrá que jugar el individuo cuando, llegado a la fase adulta, se sume al ámbito de lo público. En ese tiempo extenso e intenso que es el de la educación obligatoria el alumno ha ido desarrollando una escala de valores que en adelante acabará de perfilar una voluntad, una forma de estar en el mundo. Porque hablamos siempre de la formación de seres humanos que más tarde constituirán una sociedad compleja. Si lo que se busca es formar futuros empleados, exclusivamente armados de capacidades laborales, entonces no hay nada que decir, el camino de lo práctico parece lo adecuado: con solo unos años de formación práctica el alumno se convertirá en un buen ciudadano, acrítico, fácilmente gobernable y consumidor adicto. Un Mr. Hyde esencial que sabrá mantener a diario la apariencia de un respetable Dr. Jekyll.

Tom Crick, el protagonista de la novela *Waterland*, de Graham Swift, es un profesor de Historia a quien lo que de verdad seduce es contar su vida y la de su familia en los Fens de Inglaterra. A veces siente las presiones de quienes le piden que se dedique solo a cosas prácticas, que minimice todo eso que en su asignatura carece de relación con la vida actual. Con todo, Tom Crick persiste en su costumbre de contar y contar, sin calibrar esos relatos que en ocasiones resultan escabrosos. En una conversación con su alumno Pierce Tom Crick se explica: "Solo los animales viven absolutamente metidos en el aquí y ahora. Solo la naturaleza ignora la memoria y la historia. El hombre, en cambio (…) es el único animal que cuenta historias". Es un buen epítome de lo que significa esta línea de fuerza que debe atravesar todo currículum: hay que insistir en aquello que nos hace humanos y en el orgullo que supone transmitirlo a la nueva generación.

Línea de fuerza 4. Lo que hagamos, hagámoslo en el aula.

Lo sabíamos, pero la experiencia del confinamiento durante el Covid-19 nos dio un argumento de experiencia para frenar lo que parecía una batalla perdida. El aula, pese a toda esa supuesta innovación que pedía ponerle fecha de caducidad, recuperó su estatus como espacio insustituible. Recordemos esos meses, cómo todo el profesorado se puso en un tiempo récord a reproducir en la nube cuanto se había estado haciendo en clase, desde las explicaciones de cada materia hasta los ejercicios y los exámenes. Como mejor se pudo, los documentos empezaron a llegar a los alumnos a través de la nube, se prepararon las clases de manera telemática, se experimentó la resolución de dudas por correo electrónico, la clase inversa, los ejercicios autocorrectivos, los exámenes por videoconferencia y por plataformas diversas. Cuando el curso 2019–20 encaraba su recta final, alumnos, familias y profesores acabaron reivindicando la necesidad del aula.

El aula es un espacio y es también un tiempo. Solo en esa cápsula protegida del mundo feo y frenético que es el mundo real se puede producir ese fenómeno decididamente humano que es la educación. Y es un lugar que se ofrece a todos: "Un lugar en el que hay tiempo para leer, para escribir y para hablar, (...) un lugar en el que los seres humanos pueden salir, por un tiempo, de su condición, pueden ser como cualquier otro y pueden imaginar la posibilidad de ser cualquier cosa", como dice Jacques Rancière. En cuanto a la necesidad de la cápsula, Hannah Arendt añade: "La responsabilidad del desarrollo del niño en cierto sentido es contraria al mundo: el pequeño requiere una protección y un cuidado especiales para que el mundo no proyecte sobre él nada destructivo." Allí, en esa cápsula insonorizada y cálida, se producen las condiciones adecuadas para la relación compleja y bicondicional que liga a un grupo de alumnos con su profesor: ellos serán alumnos en la medida en que existe el profesor; él, o ella serán profesores porque los necesitan sus alumnos.

De esa relación surgirá una microsociedad, una sociedad de alta capacidad energética suministrada por todas las emotividades que se dan cita en el aula. En tanto que microsociedad, el grupo de clase provee al alumno individual de un componente socializador que no podría implementar de manera autónoma, ni mucho menos por vía cibernética, porque para el aula no existen fórmulas sucedáneas. El aula, en fin, es el espacio y el tiempo privilegiados para la comunicación. A partir de esa comunicación se desarrolla la dimensión social del individuo, pero también se genera el hecho educativo –que no puede ser mero monólogo–, y el debate desde el que se consoliden los valores que consideramos indisolubles del individuo. En conclusión, podríamos decir que la salud del aula es buena si la palabra circula en libertad y de manera respetuosa en todas las direcciones. Que el aula merece el nombre si y solo si circula la palabra.

Línea de fuerza 5. El estrés debe morir: regreso a la escuela libre de prisas.

Los griegos, que nos han dado tantas cosas, también nos dieron la *skholé*. Se trata de una palabra ligada al tiempo más que al espacio: *skholé* es ocio y, por extensión, el lugar donde se vive ese tiempo que no es el trabajo, al que uno está obligado para ganarse el sustento. Fue un privilegio de los ciudadanos pudientes: sus niños quedaban a resguardo de las servidumbres de la vida material para poder formarse como ciudadanos. Nos suena más transparente la definición latina: *ocio* –la escuela– frente a su negación, la necesidad del trabajo, el *negocio*.

En la literatura española tenemos en la figura del Lazarillo un arquetipo de lo que fue siempre el paso de niño a adulto. En los primeros compases el Lázaro maduro relata echando la vista atrás quiénes fueron su madre, su padre –que falleció en la guerra– y su padrastro, un hombre negro que sostenía a la familia con pequeños hurtos. Cuando es detenido y se abren diligencias contra la familia, Lázaro será testigo de cargo y, con su candidez de niño, acabará contando cuanto había visto que hacía su padrastro. La madre en adelante tendrá que sostener su familia, y para ello entra a servir en un mesón. "Allí, padeciendo mil importunidades, se acabó de criar mi hermanico hasta que supo andar, y a mí hasta ser buen mozuelo, que iba a los huéspedes por vino y candelas y por lo demás que me mandaban". Si un niño privilegiado tenía derecho a ese hiato previo al trabajo que es la escuela, un niño de clase baja solo podía aspirar, desde que podía mantenerse sobre sus pies, a aportar algo para la casa. A la hora de despedirse, cuando ya ha acordado con el ciego que se lleve al niño como asistente, la madre de Lázaro remarca que su etapa de formación ha culminado; en adelante, y pese a su corta edad, será un adulto. "Hijo, ya sé que no te veré más. Procura ser bueno, y Dios te guíe. Criado te he y con buen amo te he puesto. Válete por ti." El resto de la historia es bien conocido.

Los niños griegos, como los niños romanos, que fueran hijos de ciudadanos pudientes y con derechos disfrutaban de ese privilegio que era la escuela –un lugar y un tiempo para el ocio– precisamente porque habían nacido en el seno de familias pudientes, pero también porque, perteneciendo a esa clase, su dignidad exigía una educación a la altura. La *skholé* griega, al lado de nuestra escuela pública actual, pone de relieve lo que ésta tiene de logro histórico. Cien años atrás, todavía los niños tenían que servir de mano de obra en minas o en el campo si sus familias carecían de ingresos. Hoy, en nuestras sociedades avanzadas, protegemos a los niños del mundo público durante unos años para que puedan vivir otro tiempo, uno de calidad distinta al de los adultos, un tiempo durante el cual puedan formarse como ciudadanos y prepararse para un día tomar el relevo en su sociedad. Como seres que aún están en fase de desarrollo, todos los niños deben ser protegidos, sin hacer excepción por su clase social ni su origen étnico. Es de la dignidad humana de lo que hablamos, pero también del interés de la propia sociedad, que debe tomarse en serio la formación de los ciudadanos que en el futuro le deben dar continuidad.

Parecería ridículo, después de toda esta explicación, tener que resaltar lo obvio: que el concepto griego y romano de escuela incluye la idea de territorio-libre-de-estrés. Que la escuela es el lugar donde sin urgencias el alumno va aprendiendo al ritmo natural con que pasan los días, en consonancia con su ritmo de crecimiento físico. Que solo con la tranquilidad que otorga saberse eximido de la lucha por la supervivencia el alumno puede dedicarse a escuchar a su maestro, a pensar, a leer, a descubrir. Digo que parecería ridículo insistir en lo obvio, si no fuera porque hemos llegado al momento en que incluso lo obvio ha sido puesto bajo sospecha. Hemos convertido nuestras escuelas e institutos en carreras alocadas de nueve meses donde se multiplican las tareas y los exámenes, se vive ya desde septiembre en un clima de urgencia que el excesivo número de materias no hace más que alimentar, y todo ello en la misma medida en que progresivamente se rebaja el nivel académico y se acaba aprobando a los alumnos con una alegría vergonzante. Frente a ese clima, la propuesta revolucionaria es: volvamos a lo obvio. La *skholé* griega propone un hiato en la locura; en ese sentido es una llamada a la sensatez.

Sin embargo, ahí están las reuniones de evaluación, las charlas de cafetería. En todas partes la confusión, tanta gente, incluso entre el profesorado, que no parece haber entendido nada. Es habitual escuchar esa opinión –que solo puede ser calificada de lerda– según la cual a los alumnos hay que educarlos en el estrés "porque en la vida es lo que se van a encontrar". Docentes y, a la vez, gente adiestrada y crecida en el furor empeñada en sostener la rueda del furor, para que no se extinga, gente que no ha entendido nada de ese lugar a salvo de la locura que debe ser la escuela. Docentes que, incluso con la mejor de las intenciones, logran convertir la escuela en una previa del mundo laboral, con todo lo que ese ecosistema tiene de hiperexigente, de embrutecedor. Ciudadanos que se guían por la lógica del "como me hicieron, así debo yo hacer", en tanto cabría esperar de ellos un basta ya, una exigencia por otro orden de cosas más inteligente, más humano, que suponga una evolución, o una elevación, pero que no se limite a la repetición pura de cuanto ha habido de salvaje en el mundo. Si alguien debe hacer una apuesta de este tipo es precisamente quien enseña. Porque si el horizonte es una sociedad más justa, entonces es preciso romper la rueda del furor y educar a los futuros ciudadanos para que se desentiendan de seguir acelerando la maldita rueda de la locura.

Sin un espacio de calma, donde el tiempo sea una dimensión nimia, es imposible aprender nada. La inteligencia humana se lleva mal con los estados de estrés, peor aún con la ansiedad. Aprender a leer, desarrollar la comprensión oral y lectora, razonar sobre un contenido, valorar críticamente sus pros y sus contras solo puede lograrse en un aula cuando se trabaja sin urgencias. El pensamiento, para fluir, reclama un territorio pacificado. Por otro lado, ¿alguien podría decir de dónde esa necesidad de correr que empuja a los docentes todo el curso? ¿Responde a algún requisito previo a la enseñanza? La escuela primaria se extiende a lo largo de seis años, la secundaria obligatoria añade cuatro más: ¿qué prisas puede haber cuando se dispone de diez años para culminar una formación? Si además sumamos los tres años de educación infantil más los dos de bachillerato contamos con un total de quince años. Quince. Si no se consigue que los alumnos aprendan un contenido o desarrollen una técnica determinada en un curso lo más sensato es afirmar que no pasa nada. Tenemos otros cursos por delante. Podemos dedicar el tiempo que necesitemos a consolidar un contenido o una instrucción práctica; seguro que ese tiempo de repetición inteligente y de consolidación lenta parecerá rentable cuando se evalúe todo ese proceso al final.

El aula tiene que ser también el lugar de la belleza. Las prisas, el utilitarismo, el trabajo cuyo fin sea solo llenar el tiempo por obligación conforman un espacio–tiempo enemigo de la belleza, y eso es algo que, al parecer, pocos docentes y menos centros entienden. Frente a la fealdad de nuestras aulas hiperaceleradas, hay que reivindicar el espacio tranquilo donde pueda aflorar la belleza. En una charla universitaria el profesor Jorge Larrosa explicaba a su audiencia la necesidad de lo bello, y para hacerse entender echaba mano de Peter Handke. El austríaco prenobel se explicaba así: "Entiendo que un lugar es bello cuando pienso que me resulta deseable trabajar en él". Llegados al punto en el que tantísimos profesores sienten el aula como un lugar de lucha –de *agonía*, que se diría en griego– se impone la recuperación de la belleza con todas sus consecuencias. El aula tiene que volver a ser ese sitio donde a uno le guste trabajar. *"What the imagination seizes as beauty must be truth"*, dice Keats en idioma poético. Se trata de afirmar una belleza en sentido extenso, en cuanto que la belleza es verdad. ¿De qué hablamos si no?

Línea de fuerza 6. Digan lo que digan, el esfuerzo es necesario (*No pain no gain, scholar version*)

La idea de que el acto de la enseñanza requiere de un esfuerzo es tan evidente que todavía me cuesta entender cómo buena parte del gremio de profesores ha terminado por asumir tantos mitos de ese *blurb* que acompaña la llamada *nueva educación*. Uno de los mitos, y no el más dañino, es el que afirma que el alumno, la alumna, pueden aprender sin esfuerzo. Otro, más lesivo, dice que cuando el alumno, la alumna, fracasan la responsabilidad es del docente por no haber sabido motivarlos. Ya se ha hablado aquí de que acceder a un conocimiento requiere del individuo un giro voluntario hacia ese conocimiento, y de que el esfuerzo ahí incluido es uno de los axiomas de la educación. Que un docente se sienta permanentemente frustrado por no conseguir el éxito de sus alumnos solo puede deberse a una confianza abstrusa en los nuevos mitos del ideario pedagógico establecido. Pero lo de pretender valorar la tarea de un profesor a partir del éxito de sus alumnos, medido en cifras de aprobados, es algo que roza el delito. El razonamiento que esconde esa práctica es la pura falacia, como que alguien intentara denunciar al gimnasio por no mejorar su forma física después de haber acudido allí durante un año simplemente para sentarse a disfrutar del panorama. La denuncia contra el gimnasio sería irrisoria y, sin embargo, en cualquier centro educativo actual este argumento obliga a un docente a reaccionar y a justificarse de manera urgente. Va contra la inteligencia, pero a la vista está que funciona.

No, por supuesto que no: el conocimiento no va a venir sin

el esfuerzo por adquirirlo. Ni se aprende nada sin posicionarse en modo activo, ni es de recibo que ante una profesora o un profesor un alumno alegue falta de motivación tras haber suspendido. Se debe decir de manera taxativa: cualquier método educativo que lo presuponga es una estafa. Un *gadget* de teletienda. Un crecepelo para patanes. Y una ley educativa no puede ser ninguna de estas cosas; eso también debe decirse de manera taxativa.

Hay que añadir, no obstante, una nota restrictiva a lo afirmado en el párrafo anterior, en este sentido: sabemos que la intervención del esfuerzo es imprescindible, y que no puede haber un acto de enseñanza sin él, pero poco más podemos asegurar si miramos en la dirección inversa. El esfuerzo no siempre induce el éxito. La relación que existe entre ambos términos no viene dada necesariamente. Diríamos que no es de implicación lógica. Incurrimos en fraude cuando decimos a los padres que si su hija o su hijo se esfuerza, tendrá éxito en lo que se proponga. Ya quisiéramos poder afirmar que sí, que siempre se coronan los esfuerzos de una persona que pelea honestamente, pero la realidad nos muestra una y otra vez otra cara menos risueña. Que muchos empeñan la vida en llegar a puestos a los que no podrán llegar nunca por falta de capacidad, pero también que la meritocracia que algunos proclaman está muy lejos de ser un hecho y así vemos cada día triunfar a quienes carecen de preparación. Que vivimos en un mundo donde el esfuerzo y el talento nunca son el aval suficiente para competir con quienes tienen apellidos más grandes y un capital simbólico a sus espaldas de varias generaciones.

Nuestros postulados son humildes, realistas y nacen de la honestidad: a los alumnos podemos decirles que mientras trabajen irán disfrutando de un desarrollo intelectual y ético, y estaremos diciéndoles una verdad. Es seguro que el trabajo que inviertan en clase les reportará un beneficio, y ese beneficio será su mejor premio. No siempre les asegurará ganar mejores sueldos ni subir más arriba en la escala social, pero los convertirá en mejores seres humanos. Abrirá sus ojos, entenderán mejor el mundo y sus posibilidades. En cuanto rédito, este beneficio de la enseñanza es insuperable. María Zambrano apuntaba en esa dirección cuando explicaba cuál era el fin último de la escuela: "El hombre es una criatura impar cuyo ser verdadero está fiado al futuro, en vía de hacerse. Existe un trabajo aún más inexorable que el 'ganarse el pan'. Es el trabajo para ganarse el ser, a través de la vida, de la Historia". Ahí sí, ahí podemos decir sin miedo a engañar a nadie que el esfuerzo tendrá premio. La conquista del ser, nada menos.

Línea de fuerza 7. Los contenidos del aula son la transmisión ordenada de cuanto el mundo ha logrado hasta aquí.

Aquello que el mundo ha ido sumando a su acervo cultural es el punto de partida de cada generación. Un científico comienza sus pesquisas a partir del punto en que no existe una certeza previa, no gasta tiempo en investigar de nuevo lo que ya ha sido analizado y descrito con éxito anteriormente. Lo mismo hace un matemático, un lingüista, un ingeniero agrónomo, un programador informático, un sociólogo, un abogado o un artista. Sabemos que el nazismo no puede ser un alternativa válida porque la Historia nos dice cuáles fueron sus principios, sus métodos y sus resultados, no podemos permitirnos como civilización darle una segunda oportunidad. Tenemos motivos para desconfiar de la homeopatía en tanto que puentea los principios consolidados de la medicina para ofrecer remedios que se basan en meras creencias. Ya hace siglos que los principios de la deducción lógica fueron sistematizados y aprenderlos no requiere, como ocurre en otros aspectos de la vida, tener que madurarlos a fuerza de experiencias vitales. Si todo ese bagaje inmenso que conforma el capital cultural de una sociedad lo tenemos disponible es porque el sistema educativo se ha encargado de transmitirlo a cada nueva generación. Ese debe ser en esencia el trabajo que llene los días de los docentes.

La transmisión del mundo comprende dos planos: el de la instrucción, que se encarga de la suma de los conocimientos acumulados, y el de la educación, que se encarga de los valores que cristalizan en un modelo de mundo. En ambos casos la tarea del docente se asemeja a la de un Prometeo que, curso tras curso, tiene que volver a traer el fuego para que no se pierda su conocimiento. La profesora, el profesor, son quienes poseen eso que los alumnos necesitan, que por sí mismos serían incapaces de alcanzar, asuntos que no entienden, de cuya dimensión no pueden hacerse una idea cabal y sobre lo que no están capacitados para emitir un juicio. Pero no es un conocimiento privativo del docente, es un encargo de la sociedad y debe, por tanto, entregarse a tiempo para que la nueva generación pueda resignificarlo y adaptarlo a los retos que se le presentarán. Solo en un plano poético-naíf se puede incurrir en ese tópico de que los profesores también aprenden de los alumnos. Y solo en un marco de buenismo inconsciente se puede plantear que los alumnos puedan decidir la configuración de su día de clases según sus intereses. El McCurrículum no puede ser tomado en serio.

Los conocimientos y los valores que nuestro mundo ha ido

perfeccionando hasta el día de hoy requieren de un compromiso con la historia; por ese compromiso se comunican a los futuros ciudadanos en la escuela. Son ellos los que en su momento asumirán la responsabilidad de gobernar el mundo, y para ello habrán de construir sobre lo anterior con el fin de mejorarlo. "La educación es el punto en el que decidimos si amamos el mundo lo bastante como para asumir una responsabilidad por él y así salvarlo de la ruina que, de no ser por la renovación, de no ser por la llegada de los nuevos y los jóvenes, sería inevitable". El dilema en nuestro día es, en fin, una cuestión de amor, en la formulación que hace Hannah Arendt: o amamos el mundo y ejercemos como transmisores de su saber, o adoptamos una posición cínica. En lenguaje docente podría traducirse como la alternativa entre enseñar lo que nuestros alumnos necesitan conocer o cumplir con los planes impuestos a fin de conseguir que alumnos y familias se sientan clientes satisfechos.

Se trata de una responsabilidad histórica y, por tanto, política. Nuestro mundo seguirá vivo mientras haya nuevas generaciones que lo reactualicen. Si el mundo no pervive en el día a día, como el lenguaje, se calcifica y al final se fosiliza, también como el lenguaje. Si no se renueva, va a la ruina. Si los docentes ejercen su papel como corresponde el mundo seguirá teniendo posibilidades de proseguir su lento, tortuoso, camino de perfeccionamiento.

Paisaje tras la era del McCurrículum

Giorgio Agamben escribió en 1990 en *La comunidad que viene* una primera descripción del individuo –y la sociedad– que sería protagonista del S. XXI. Aunque el título parece anunciarse como una profecía, en realidad tiene como objeto de análisis esa comunidad que ya está en marcha, de ahí el presente verbal, una comunidad de individuos que, según la observación de Agamben, va a marcar la tónica del mundo en el presente siglo. En la parte inicial trae a colación lecturas de Robert Walser, esos artefactos enigmáticos donde uno no sabe muy bien si los personajes son niños crecidos o genios maravillosos, si son la pura expresión de la inocencia o son una forma refinada de lo humano perverso. A esos individuos walserianos Agamben los asimila a los que, según Tomás de Aquino, llenan el Limbo: no pueden ser condenados a la perdición, pero tampoco pueden alcanzar en justicia la gloria divina. Dios los ignora, según Aquino, pero ellos se exaltan en una felicidad libre de resquemores y, en tanto no han conocido el bien supremo, tampoco lo echan en falta. Se encuentran en la antesala de las categorías de Bien y Mal, una circunstancia que define su posición política.

Vuelvo siempre a la escuela, también desde Agamben. Me pregunto en qué medida lo que allí enseñamos contribuye a la delineación de la identidad de nuestros alumnos, en qué medida nuestro trabajo tiene una trascendencia en la sociedad. El día de su graduación me quedo observando a mis alumnos y trato de imaginarlos en el futuro: no puedo dejar de pensar que en unos años serán abogados, bibliotecarios, técnicos informáticos, empresarios o agricultores, formarán familias, consumirán drogas, se dedicarán a una ONG. Si pienso en lo más inmediato, por ejemplo, que ya podrán votar en las próximas elecciones, entonces me asalta un temblor. Tengo serias dudas de que hayan sido preparados para entender el calado de ese hecho que es básico en su mundo. Ese espacio-enigma, en el que debe presidir la ética, no queda bien cerrado al terminar la enseñanza secundaria. Ellas y ellos tendrán que experimentar la vida, ejercer su capacidad crítica y serán dueños de unas vivencias que acabarán de configurar su ideario. La duda que me asalta es la que tiene que ver con mi parte de responsabilidad: no sé si los he dotado de las herramientas suficientes, si el traspaso de mundo que se nos encomienda ha sido por mi parte un trabajo correctamente realizado. Se marchan, han acabado su fase de formación y todo resulta incierto.

En efecto, durante todo el tiempo de la *skholé* un grupo de profesores trabajamos bajo una lógica insana de urgencia continua que dura años. Contra pronóstico, el resultado final es esto, un enigma. No parece que hayamos consolidado nada, y esto se evidencia de manera notable en el aspecto ético. Preguntas, eso es lo que queda en el momento en que se dice adiós a una nueva promoción. Leo a Gregorio Luri y se me encarama todavía más la incertidumbre: "El sistema educativo en general y cada escuela en particular se encuentran, en cuanto a la moral, exactamente a la misma altura que la conducta de sus alumnos". No las evaluaciones por competencias, ni tampoco los controles de calidad. Quien da la medida cabal de lo que hacemos son nuestros alumnos, su altura humana, la escala de valores que les acompañarán en el mundo adulto adonde se dirigen. Con ellos el mundo se va a renovar. Tiene que hacerlo a mejor.

DONDE DICE *ESCUELA DEL FUTURO* léase *FACTORÍA DE CURRANTES*. Una DISERTACIÓN SOBRE LOS EUFEMISMOS EN LA ENSEÑANZA POR COMPETENCIAS.

"Ascensor social", dicen los expertos que aseguran poseer la receta para salvar la educación actual. Son gentiles. Son elegantes. Acreditan un dominio del lenguaje del marketing digno de egresados del IESE o de Deusto. Saben que lo del ascensor social es una patraña, que con la deriva de los últimos años los hijos de clase trabajadora han ido perdiendo posibilidades en materia de estudios superiores y que sus salidas profesionales no son las que tendrían de ser familias bien situadas, pero saben también que el eslogan es formidable. En su lenguaje los expertos en educación samplean ese estilo pintoresco de las radionovelas de los 50 para que suene a tono con el S. XXI: dan vueltas a la meritocracia, a las posibilidades que la sociedad ofrece a quienes se esfuerzan aunque procedan de clases desfavorecidas. Mejor aún si no aparece la palabra *clase*: dirán que la sociedad premia el talento, venga de quien venga. Que quien cree en su sueño siempre tiene recompensa. Que quien abandona la zona de confort –¡ay, la zona de confort!– se abre a una nueva dimensión donde los beneficios son inimaginables.

Como dogma del evangelio del neoliberalismo redentor, la doctrina se expande al calor de simposiums, secciones en prensa dedicadas a la enseñanza, federaciones de padres y madres, informes de presidencias autonómicas, etc. La doctrina redentora focaliza el éxito y, por supuesto, define con nitidez su *target*: Usted –que escucha, que tiene hijos en edad escolar, o que ya es universitario y lee prensa–. Usted merece el éxito porque ha entendido los retos que plantea la coyuntura actual, y los demás no. Porque usted es mejor. La buena nueva es apetecible y es aceptable porque se parece a la utopía, pero es que, además, se ciñe a un estricto contrato: si usted estudia y trabaja con ahínco, usted verá que se materializa la utopía. Si su vida está siendo el drama que le dejó el poscapitalismo al estallar la penúltima burbuja, no se deje caer en la desilusión: siempre podrá levantar otro sueño en el que a sus hijos –a usted– les irá mejor gracias a una educación a la altura de los tiempos.

Estaría bien, para comenzar la discusión, que existiera alguna forma científica de demostrar la relación entre esfuerzo invertido en la formación y éxito profesional, un modelo informático, por ejemplo, que permitiera reproducir el itinerario y las puertas que se le abrirán a un alumno tras el grado universitario, según variables como título, notas logradas, posgrados y demás. La realidad es menos domesticable y, más allá de algunas cifras macroeconómicas y estadísticas elaboradas por los propios poderes públicos y por consultoras, no tenemos mucho que asegurar a este respecto. El beneficio –en términos laborales– que pueda acarrear el sistema educativo a nuestros niños y adolescentes es un imponderable. Dicho de otro modo, la educación es en sí misma un bien precioso pero no podremos conocer las facilidades que reporta a los alumnos en su vida laboral hasta pasados unos años, y entonces ya es tarde para rectificar nada.

Desde la irrelevancia, hacia las cotas más bajas

La percepción general es que, si otrora la educación fue un servicio frío, feo y practicado con autoritarismo, al menos cumplía con su propósito social de capacitar a la nueva generación para el mundo laboral. En el estado actual de las cosas todo parece mucho más azaroso. Los medios, que en su mayor parte actúan como voceros de las grandes corporaciones, no dejan de repetir que el mercado laboral se diversificará y que irán apareciendo nuevos empleos, algunos sobre los que ni siquiera podemos elucubrar todavía, conque la tarea del sistema educativo se tiene que instalar en esos perfiles líquidos y proponer soluciones. Mientras se da –o no se da– una respuesta adecuada, desde los gobiernos y las grandes corporaciones se dictan continuamente pautas que pretenden acudir al rescate de las nuevas generaciones con planteamientos más que discutibles. En esta situación actual la percepción general es que el sistema educativo contribuye a formar ciudadanos, en efecto, pero ahora se caracterizan por su baja cultura y su pobre autoexigencia, a lo que hay que añadir su escasa conciencia de clase, su individualismo y su tendencia al conformismo. Se los considera hiperconsumistas, autosatisfechos, fácilmente manipulables y adaptables a las exigencias de la nueva economía en esto que ya muchos definen como Edad Media *revisited.*

Frente a ese saldo de resultados del sistema –bastante ajustado, por cierto– el pesimismo es una elección, y no la más recomendable. No se dice en voz alta, ni siquiera los sindicatos que deberían proteger al profesorado quieren asumirlo, pero aún es posible actuar y exigir un cambio de estrategia. Las y los docentes tienen que reasumir su dimensión de actores políticos y saber que, en tanto que tales, están acreditados para exigir de quienes gobiernan un cambio de rumbo. Para ello, el primer paso es identificar las causas que nos han traído hasta aquí. Provocar un debate y explicar(se) qué ha sucedido, por qué y cómo el profesorado ha ido cediendo terreno hasta haber quedado reducido a una figura pixelada y ya casi irreconocible. Averiguar quién ha marcado las directrices básicas desde fuera del sistema educativo, y por qué se han asumido por los distintos gobiernos con una mansedumbre indigna que debería poner en guardia a toda la ciudadanía, cuánto más a quienes nos dedicamos a la enseñanza. Solo una vez superado este nivel de análisis y actitud crítica estaremos preparados para el siguiente paso, donde habrá que definir las rectificaciones necesarias para revertir la situación. En otras palabras, habrá que hablar de leyes, empezando por las que a lo largo de la democracia han regulado el sistema educativo.

El cuestionario –que nunca se nos ha propuesto, que nunca hemos exigido– que permitiera una valoración crítica del sistema podría empezar así: "Si una ley es siempre una respuesta, ¿cómo ha definido cada ley el papel de nuestro sistema educativo? Y cuando lo ha hecho, ¿quién estuvo detrás, sobre qué base ideológica se promulgó dicha ley? Y también: ¿qué modelo de ciudadan@ se quiere formar? ¿Deberá ser prioritaria su capacitación para entrar al mercado laboral o, por el contrario, su formación como ciudadano/a responsable?" Pero es obvio que, para que el cuestionario sirva, las respuestas no pueden remitirse solo a la letra de la ley. Así no se llega a parte alguna. Hay que preguntar también por la actividad del sistema en segundo plano para discernir de qué manera se aplicó la ley en los centros públicos y en los centros privados, qué cargas se añadía a cada sistema –qué porcentaje de inmigración, de situaciones especiales asumió–, cómo fue el reparto de becas en los años en que cada ley estuvo vigente, etc. Las preguntas del cuestionario habrían de seguir una tipología de este cariz: "En el momento actual, y mirando hacia delante, ¿cuánto esfuerzo –y no solo económico– se merece el sistema educativo dentro del marco de la administración? Y también: ¿Qué perfil se debe requerir a sus actores, los docentes? Y ¿se consideran también actores a los pedagogos expertos, a los cargos intermedios de la administración que nunca han ejercido la docencia, a los inspectores, que no siempre conocen la vida real de un centro? Y volviendo a los docentes, ¿cuál deberá ser su prestigio, digamos su *capital simbólico*, en tanto ejercen esa función tan relevante dentro de nuestra sociedad?"

Por el momento –y en vista de que no hay sobre la mesa ninguna revisión crítica del sistema educativo–, la única respuesta que periódicamente buscan los que gobiernan es la que sigue a la pregunta: "¿Cómo hacer que nuestra educación parezca moderna y, además, tenga contentos a *todos* los ciudadanos que de un modo u otro sean convocados en un centro educativo?"

Si es moderno y con botones, gustará a todo el mundo

En la coyuntura actual, cuando nadie al parecer pone sobre la mesa un cuestionario –no hay nada que cuestionarse, ni existe una ola opositora que cuestione– todo sigue a velocidad de crucero en la línea ya conocida. Más aún, el sistema educativo ha ejecutado a nivel europeo una nueva vuelta de tuerca: es el conocido como *aprendizaje por competencias*, que ya pasó su primer banco de pruebas en Centroamérica a principios del siglo actual. Se trata de un modo de gestión de la enseñanza que concita todas las simpatías y se implanta en todas partes, gobierne quien gobierne. Acaso no se logre ningún consenso en leyes que defiendan principios básicos de justicia, pero sí existe un modo de enseñar –y de condicionar la educación, como veremos– que parece poner a todos a partir un piñón. Se acepta su aplicación como el más claro signo de los tiempos y queda fuera de toda posible objeción, como no quiera uno declararse cerril y reaccionario. El aprendizaje por competencias se ofrece como el remedio en este momento de cambio a nivel mundial, la única vía posible hacia la escuela del futuro.

El nuevo/no tan nuevo modelo de aprendizaje ya es un hecho. Las programaciones didácticas de cada centro están ya adaptadas o en vías de hacerlo. La jerga que incluye el método va permeando las conversaciones entre docentes y condicionando el modo de pensar las asignaturas. El marketing lo acompaña, se vende bien, es *guay*, parece justo lo que necesitaba la escuela para no resultar demasiado *vintage* ante sus nuevos alumnos, todos ellos *nativos digitales*. Y lo que es mejor: nadie lo discute. Izquierdas y derechas lo defienden como conversos de un método que parece sobrevenido por el curso de la historia. Discrepar y plantear otro método equivale a alinearse con lo reaccionario, negarse al progreso, carecer de un razonamiento flexible. Nos pone ante el dilema: o nos lanzamos en sus brazos, orgullosos militantes del futuro, o ejercemos el duro análisis y concitamos las antipatías de la gran ola innovadora. De momento, y antes de extraer conclusiones, lo que hay que hacer es abrir el paquete, donde se advierte:

Antes de usar, léase el prospecto

En Cataluña existe un organismo llamado Escola Nova 21. Se

presenta como una *alianza* [sic] para lograr un *sistema educativo avanzado* [sic]. Como casi todo lo que pretende llevarnos del atraso a la vanguardia, se plantea como un organismo de colaboración público–privada. Es una alianza, una conjuración, y como necesita ganar adeptos, todo en ella está pensado para seducir. La web seduce, sus objetivos expresos seducen, sus vídeos seducen. En términos sociales, el virus irresistible es la apariencia de modernidad, algo que nunca falla, en ninguna parte. La alianza causa tanto furor que desde hace tiempo es socia prioritaria de la acción política.

Escola Nova 21, cuya matriz es la Fundació Jaume Bofill –con ustedes, desde 1969; dedicada en exclusiva a la educación desde 2009–, con el apoyo de la Unesco y muy especialmente de un banco, La Caixa, manifiesta tener la llave para traer la modernidad a la educación y para que cada niño "pueda gozar de experiencias de aprendizaje empoderadoras". Resulta tan irresistible su *flow* que, desde diciembre de 2018, la Generalitat trata de incorporar sus recetas a toda la red de centros educativos de Cataluña, a veces incluso con prácticas poco transparentes, como cuando debe hacer nombramientos a dedo de personas afectas a la red. Y esto ocurre en la pública, siempre, por descontado, con la intención expresa de *mejorar* el sistema educativo catalán sin tener que subir un céntimo de su decrépito presupuesto, uno de los peor sostenidos de España y de buena parte de Europa.

Pero ocurre que la apariencia de modernidad causa furor en Cataluña, como también ocurre en todas partes donde el neoliberalismo carezca de contrapeso. Es decir, en todas partes, cualquier parte. Y ocurre también que el aprendizaje por competencias es una de sus propuestas estrella. Para explicarla e imponerla como alternativa única –o esto, o la intolerable escuela magistral, dicen–, previamente se pertrecha de toda una biblioteca de manuales y artículos, incluso de documentales, traducidos a su jerga seductora: en esos textos se abunda en las TICS, en los aprendizajes entendidos como un *saber hacer*, en la adaptación a los retos de la nueva sociedad hipercomunicada y progresivamente invadida por la robotización de los procesos. El modelo echa mano de una nube de contenidos con nomenclatura destellante y, a la vez, sonoramente vacuos. Se vende modernidad sin plantear siquiera la imperiosa necesidad de mayor inversión. De eso no se trata. La modernidad es un efecto barato de la brillante inventiva de agentes como Escola Nova 21, que, por no ser, ni siquiera son instituciones del Estado ni 100% públicas. Ni transparentes. Tal vez el último escollo sean los docentes con condición de funcionarios, pero siempre hay modos de neutralizarlos, por ejemplo, acabando con su prestigio –terrible la grabación del conseller catalán Bargalló cuando, dirigiéndose a unos sindicalistas en Tarragona el año 2019, decía: "Si nos quedamos sin funcionarios, para mí mejor, porque ya sabemos que están apalancados"–. Porque lo importante es que se puede ser hiperinnovador por el mismo precio de siempre. Incluso menos.

Algunos datos complementarios: en la Cataluña de 2013 se dedicaba el 2,8% del PIB a la enseñanza, alcanzando los índices más bajos de toda Europa y de todo el ámbito OCDE, en la liga de Perú, Laos y Liberia. En 2016 –son datos del INE– el gasto en formación no universitaria bajaba al 2,17% de su riqueza generada, en contraste con el conjunto de comunidades autónomas, que rondaron el 3,07% de media en relación con su PIB. A esas cifras hay que añadir un agravante: la Ley de Educación de Cataluña (de 2009) establecía un generoso objetivo del 6% del PIB en Educación para 2017. Ni que decir tiene que ese año pasó de largo, estamos en 2025 y la inversión nunca se ha acercado a ese objetivo. La innovación sospechosa, mientras tanto, continúa expandiéndose en el territorio y con índices de aparente buena salud. El recurso urgente a los medios telemáticos durante el confinamiento habido desde marzo de 2020 más los fondos *Next Generation* invertidos en equipos electrónicos diversos y ordenadores para profesores y alumnos han ido consolidando estas tendencias que comentamos.

Gracias por su participación, pero nunca más.

Aspecto básico en el aprendizaje por competencias es el que atañe a la figura del docente. Puestos a innovar, empecemos por el *look* de los actores. Para empezar, el método requiere una reformulación de la figura del docente: en el futuro inmediato cada docente es un orientador, un motivador, un monitor de tiempo libre, un acompañante, un consejero. Es la persona que supervisa y cuida de los alumnos, pero que no interfiere en su proceso de aprendizaje. Su presencia puede ser tóxica, debe mantenerse en un plano discreto, en la sombra. Son la alumna, el alumno, quienes plantean y protagonizan su propio aprendizaje, quienes deciden el cómo, el cuándo, quienes eligen el qué. Para asegurar que sea así, es de todo punto necesario que el docente quede al margen en ese fenómeno radicalmente solipsista que será en adelante el hecho de aprender. Es un mandamiento inapelable del constructivismo. La figura del/la experto/a depositario de un saber se considera caduca; los medios digitales han decretado su obsolescencia. Es, también, consecuencia de la hiperaceleración de la historia: *el vídeo mató a la estrella de la radio* y en ese estribillo quedó cifrado todo el espíritu de nuestra época. En adelante, el papel del docente será el de mero/a acompañante; su modelo es el *coach*. Los alumnos aportan ideas, enfoques novedosos dado que sus neuronas naturales ya son capaces de establecer sinapsis con un procesador fabricado por Intel o Qualcomm. Hay que darles toda la libertad del mundo y no importunarlos con esquemas de conocimiento desfasados. Ni Marinetti lo habría formulado mejor. De ahí la necesidad del *coach*, el que estimula, el que sopla en su oído el aliento de los sueños. Con este modo de componer la relación alumno–profesor solo cabe esperar a que se materialice la nueva dimensión.

Inesperadamente la idea sufrió un contratiempo con la llegada del Covid-19. Si hasta ahora el proyecto solo podía ser calificado de brillante e innovador, la llegada del confinamiento lo puso a prueba en un escenario extremo. A priori debía haber pasado la prueba con éxito, pero no fue así. La experiencia fue caótica y más bien decepcionante. Los alumnos no conseguían entrar en simbiosis con los medios informáticos a los que creíamos perfectamente linkeados. Por cada material que los profesores subían a la nube se generaban docenas de correos pidiendo aclaraciones, matizaciones, ejemplos de lo que allí se explicaba aparentemente bien. Con la llegada de los formularios el caos alcanzó niveles superiores. Y un detalle más: los medios con que se contaba eran medios caseros, habilitados y pagados por los propios docentes. Wifi, portátiles, móviles, software de todo tipo, a menudo saltándose avisos del tipo "Puede que lo que esté haciendo no sea legal", todo corrió a cargo de cada profesora, de cada profesor. Ni siquiera así funcionó la idea de que el aprendizaje hacía innecesaria la presencia de un docente.

¿Ha habido un reconocimiento de que el aprendizaje por

competencias se edifica sobre apriorismos y no sobre evidencias? Al contrario, la experiencia del confinamiento ha sido un primer paso, nos dicen, lo telemático ha venido para quedarse, nadie quiere negarse al nuevo paradigma. Estos alumnos aprenderán por sí mismos y desarrollarán en consecuencia una alta autoestima que los mejorará como alumnos.

Bien, en este punto se impone hacer un alto. Hablamos de *aprendizajes*, aunque conviene aclarar matices: la palabra no significa lo mismo usada por unos o por otros. Hasta ahora en el ámbito de la enseñanza habíamos hablado de *contenidos*; en adelante se considerará una palabra a extinguir y en su lugar se dará preferencia a la palabra *aprendizajes*. Pero el aprendizaje, en el mundo de la pedagogía de última hora, es un saber práctico, no un contenido teórico. Los contenidos teóricos también se consideran a extinguir. Después de todo los saberes importantes son siempre prácticos. Tienen una aplicación concreta en algún ámbito, no son mero acúmulo de información. Para acumular en cantidades mareantes están los ordenadores, internet, la nube. Toda esa información permanecerá siempre ahí, al alcance de un clic. A lo que debe atender el alumno es a hacer algo con ello: innovar o emprender.

Los docentes, diluidos ahora en un equipo organizado por ámbitos, no se definirán más como seres con criterio propio, y así devendrán gestores de la nueva *metodología didáctica.* Esa nueva metodología tiene una definición, la que daba la ley anterior, la LOMCE: "Conjunto de estrategias, procedimientos y acciones organizadas y planificadas por el profesorado para posibilitar el aprendizaje del alumnado, de manera consciente y reflexiva, con la finalidad de lograr los objetivos planteados". La nueva LOMLOE se aparta de la ley anterior en diferentes ítems, pero no varía aspectos semiológicos de calado. Lo competencial está fuera de discusión. La misión que se reserva al docente es la de organizar y planificar, según la exacta definición de la ley, puesto que todo se aventura en el futuro como un saber práctico, un conocimiento que lleve a "lograr los objetivos planteados".

Queda reservada una segunda vida laboral para los docentes, más importante si cabe a juzgar por la cantidad de horas que se le adjudica en segundo plano: la burocrática. En tanto que *propietarios de un proceso* las y los docentes deben dedicar tiempo infinito a la satisfacción, mediante informes, llamadas, formularios, etc. de los intereses de innúmeros fiscalizadores: la inspección, las familias, la consejería de turno requiriendo datos estadísticos en flujo continuo. Como *Matrix.* Echado a perder todo su prestigio social, a los docentes les queda cualquier papel, siempre que no sea el de depositarios de un saber de calidad digno de ser comunicado.

Hay una vieja en la puerta, y tiene una manzana

En cualquier debate en torno a leyes o reformas *innovadoras* la tensión la absorbe casi en exclusiva el cómo: la manera en que se aplicará la norma, el reparto presupuestario, el modo en que logrará o no desarrollar su espíritu, de qué tipo será la implicación de los funcionarios. En este caso, sin embargo, me parece que puede manifestarse algo relevante si se pone el foco en el instigador, el o los gurús que, en el lapso en que el mundo se echaba una siesta, vislumbraron para el sistema educativo una idea preñada de futurismo. En el caso que nos ocupa, los visionarios han tratado de ser discretos, aunque no demasiado: son todos ellos organizaciones a prueba de discusión, respetables y, cómo no, transnacionales. De entre ellas solo una tiene algo que ver con la educación –la UNESCO–, el resto son grupos de cariz economicista y de ideología fuertemente marcada por el neoliberalismo. Efectivamente, evangelizan sobre métodos educativos y sobre la escolarización como derecho, pero son organizaciones dedicadas a la economía, así que se puede presuponer el interés que profesan por la poética de las cosas.

Las organizaciones que promueven este cambio de método son: la Unión Europea, la OCDE, el FMI, el Banco Mundial. Se coordinan en la década de los 90 y columbran un futuro lleno de posibilidades, si las cosas se hacen bien. Y hacerlas bien quiere decir preparar la mano de obra futura a la medida de la economía que está por llegar. Puntualizo: Que dichas organizaciones *quieren que llegue*. Por esa época aparece el Informe ATC2S ("*Evaluación y Enseñanza de las habilidades del S. XXI*"), un interesante texto que será a su vez base del informe "Habilidades y competencias para el S. XXI", este ya a cargo de la OCDE –recordemos que la Organización para la Cooperación y Desarrollo Económico ya hace tiempo que dicta tendencias; también promueve y tutela la enseñanza mundial a través del informe PISA–. Pero hay una pregunta que se nos ha quedado abierta unas líneas más arriba, esta: ¿Quién estuvo detrás del ATC2S, el informe que puso la primera piedra del sistema que hoy se impone a escala global? Aquí está la respuesta: las empresas interesadas en esa nueva mano de obra, las grandes tecnológicas de ese momento, Cisco Systems, Microsoft e Intel. De manera que lo que en el año 2020 se implanta, a veces arrasando con lo anterior, y utilizando como brazo ejecutor a las y los docentes es una idea que procede de: a) la organización que supervisa y controla la economía global –la

OCDE– y b) las corporaciones tecnológicas que querían sentar unas bases sólidas para el nuevo mercado que se presuponía en internet y en todo lo virtual. No es, pues, una idea nacida del análisis y puesta en duda de la pedagogía anterior, ni es un idea desarrollada para mejorar la vida de nuestros alumnos y futuros ciudadanos. Que dichas organizaciones ofrecieran al mundo –quiero decir, a la clase trabajadora– su innovador plan de enseñanza guarda muchos puntos en común con esa escena en que una vieja aparece en la puerta y ofrece con su vocecita chirriante una tentadora y jugosa manzana.

Llegados a este punto el asunto de las competencias ya acumula más preguntas que respuestas. Pero se puede seguir preguntando. Por ejemplo, aquí van algunas posibles cuestiones para expandir el debate: ¿Es la evaluación por competencias simplemente una forma sofisticada de poner notas a los alumnos? ¿Se trata de otra secuela del *zeitgeist* que nos ha tocado en suerte y, por tanto, sería un error negarse a ponerla en práctica? ¿Se resisten a ella los y las docentes por mera pereza frente al salto innovador que representan? ¿Es innovador ese salto? Y si lo es ¿se trata de un salto adelante? ¿Hacia delante con respecto a qué, en opinión de quién, según qué brújula o qué mapa? ¿Va a mejorar la vida de la clase trabajadora y, en consecuencia, servirá de fundamento para avanzar en una sociedad más justa? Y una última pregunta: ¿cuánto de la mejor tradición intelectual de Occidente se va a quedar en el camino si aplicamos ciegamente este sistema de vocación utilitarista, y a qué coste?

Carlos Fernández Liria, en el muy recomendable *Escuela o barbarie*, se lanza a hacer un aserto que bien puede servir de base para todas las respuestas que quedan en espera. Allí explica que el aprendizaje por competencias obedece a una necesidad imperiosa planteada por el momento histórico actual, a saber, la de efectuar el "paso de las sociedades disciplinarias a las de control o de adecuación a las sociedades líquidas o del riesgo". El tema se trata por extenso en el libro –en el que colaboran Olga García y Enrique Galindo– con un torrente de citas que sostiene su análisis de manera convincente. Según los autores, una educación que asegure la uniformidad de pensamiento de una extensa masa social y atempere los excesos a los que podría llevar el espíritu crítico es una educación deseable para cualquier gobierno –y cualquier empresa– en la tesitura en la que nos encontramos. El mundo crece, las sociedades se diversifican, las tendencias de pensamiento abren continuamente vetas inexploradas, pero la gran masa debe seguir siendo masa, masa predecible, masa domada. Masa que consume y mantiene la rueda capitalista con una aceleración *in crescendo*. Masa controlable, cuantificable, administrable. Por supuesto, este modo de enseñanza que atiende a lo práctico da mucho mejor resultado que aquel otro de aliento humanista en el que el fin que se buscaba era la emancipación del individuo. Porque en el siglo del consumo desbocado es preciso superar la edad de la Razón y, con ella, todas esas definiciones y categorías de pensamiento que han sido hasta hoy la savia de la que se nutrían las sociedades democráticas. Iván de la Nuez, en *El comunista manifiesto*, llega a planteamientos similares desde una perspectiva muy distinta cuando trata de leer el mapa que deja el mundo una vez caído el telón de acero y, con él, el comunismo en Europa. Y lo que apunta allí es que los tics totalitarios que habíamos asociado a los regímenes comunistas en adelante se han asumido sin rubor en el mundo occidental, precisamente ahora, en este momento en que el capitalismo ya no conoce fuerza alguna suficiente para contrarrestarlo. Lo que a finales de los 90 se leyó como el nacimiento de un nuevo mundo más ancho y más libre en realidad fue el momento en que se favoreció una versión extrema y suicida del capitalismo, para quien los valores democráticos solo cobran sentido si de alguna manera favorecen la economía. La consecuencia en términos de relaciones de producción es la llegada de este sistema extremo de trabajo las 24h. con el auxilio de internet al que podemos denominar *Medievalismo 2.0*. Un modo de trabajo para el que se debe preparar adecuadamente en el sistema educativo.

De ese mundo medieval del que hablamos proceden personas como Marcial Marín. Marín fue secretario de Estado en el último gobierno del PP, y estuvo comprometido con la libertad y el progreso, siempre entendidos según el ideario de la economía neoliberal, como pone de relieve su hoja de servicios: en Castilla-La Mancha fue el artífice de los mayores recortes en Educación durante la crisis, llegó a despedir hasta a 6.000 docentes interinos, entre ellos, profesoras que se encontraban en fase de embarazo. En su calidad de secretario de Estado de Educación, y mientras presentaba a los medios el estudio *Estrategias de Competencias de la OCDE*, expuso lo que consideraba prioridades de su gestión, y lo hacía en este tono: “La hoja de ruta pasa por orientar los estudios hacia las necesidades de las empresas. Desde Primaria a Secundaria y la FP”. Lo espantoso es que su sucesor en el cargo, Alejandro Tiana, no varió sustancialmente el discurso, pese a ser técnico de un gobierno de vocación socialdemócrata. El contrato de la nueva educación, entonces, no admite alternativa, aspira a alcanzar una dimensión global y, en un nivel micro, se concreta así: Usted envía a sus hijos a una escuela; esa escuela se halla inserta en un sistema que le ha cerciorado de que desde ahí sus hijos tendrán acceso al único, el infalible ascensor social; durante años a usted lo/la tranquilizan, le ofrecen informes trimestrales donde parece certificarse que el proceso sigue un ritmo adecuado, y su hija o hijo desarrolla su potencial y adquiere un saber; en la nota pequeña se hace un inciso: su hija o hijo desarrolla su potencial siempre en la medida en que la o lo favorezca como futura mano de obra, por tanto, será dotada/o de conocimientos que le resulten útiles en su vida laboral. Porque esa, la laboral, es la única vida que le corresponde, con ella le tocará lidiar a lo largo de su existencia. Pero será una ciudadana, un ciudadano, a la altura de los tiempos, incluso podrá triunfar si se entrega *full time* a su empresa. Con eufemismos desvergonzados como "abandonar la zona de confort", "desarrollar espíritu aventurero", "facilitar la movilidad", la alumna, el alumno saldrá de un centro educativo lista/o como un/a trabajador/a acrítico/a, adaptable, dócil. En resumen: un componente altamente rentable para la cadena de producción. Otra pieza afinada para pasar al engranaje ultraliberal que ya ha colonizado el mundo.

Esta intención educativa se hace evidente en multitud de hojas parroquiales de la nueva fe, particularmente en las de la enseñanza superior, que es donde se espera que afloren los resultados del sistema. En un documento que nos puede servir de ejemplo, la IESE Business School de la Univ. Navarra –propiedad del OPUS– define cómo es el perfil que las empresas demandan y a cuya formación van a atender como escuela superior:

> "a. Personas flexibles, con facilidad para integrarse en equipos y nuevos entornos.
> b. Capacidad para compartir resultados, objetivos y planteamientos.

c. Personas activas emocionalmente con un fuerte componente de automotivación.

d. Personas que prefieren desenvolverse en entornos sin referencias. No anclarse ni en el pasado ni en lo aprendido".

Traducido al castellano, nivel usuario, quiere decir que toda la impedimenta cultural de los nuevos ciudadanos debe ceñirse a su utilidad, de ahí la inquietante apostilla de "entorno sin referencias". Al nuevo empleado le importa lo que va a encontrar, las posibles nuevas condiciones del mercado o de los nuevos empleos que salgan de la revolución robótica. Frente a eso el texto alude de manera esquinada a la necesidad de dejar de lado toda la tradición intelectual que desde los griegos y hasta el día de hoy nos ha servido de referencia. Lo que ya haya dirimido el pensamiento humano en cuestiones como la política, la sociedad o la ética no puede ser un referente en un mundo donde ya no cuenta nada más que lo económico. Y lo económico se arroga el derecho a rediseñar el mundo, que será en adelante un lugar donde toda norma propenda al beneficio. O: la selva no admite ser puesta bajo el foco de la razón.

Por otro lado, conviene notar que el documento del IESE tampoco es una obra original. Nada lo es, como queda dicho, puesto que se trata de un dogma asumido sin discrepancia a escala global. El texto del IESE, en resumen, es un digesto del titulado "*Prioridades y estrategias para la educación*", documento que a su vez fue publicado en 1995 bajo el auspicio del Banco Mundial. Este documento tenía como cometido expreso señalar a los gobiernos políticas "que estimulen la expansión del sector privado y la mejora del funcionamiento de las instituciones públicas". En él también se encarecían las bondades de una nueva educación, y se avazaba que gracias a ella en el futuro sería posible "lograr un crecimiento económico sostenido con cambios de empleo más frecuentes durante la vida de las personas" y así el sistema educativo debe "atender la creciente demanda de trabajadores adaptables por parte de las economías, trabajadores capaces de adquirir sin dificultad nuevos conocimientos".

Y ahora sí: con todos ustedes, el Aprendizaje por competencias.

Entonces, ¿qué son las competencias? ¿De qué se habla cuando el sistema educativo se propone como objetivo dotar a un/a alumno/a de ellas? ¿Cómo se miden, se pesan y resultan en algún Modo de Representación No Ofensivo, algo así como una nota de boletín de toda la vida?

Es fácil encontrar información clara al respecto: la propia web del Ministerio de Educación se encarga de definirla. Según el sitio, *competencia* es "la capacidad de responder a demandas complejas y llevar a cabo tareas diversas de forma adecuada". El rasgo primario indica, pues, que hablamos de algo ligado a cuestiones prácticas, que cobra sentido en el *hacer* y no en el *saber*, ni mucho menos en el *ser*. Y a estas cuestiones prácticas y no otras es a lo que debe dedicar su atención un docente. Las competencias permiten "llevar a cabo tareas", no precisamente pensar sobre ellas, ni analizar sus implicaciones ulteriores. Pero prosigue la información de la web: la competencia también "supone una combinación de habilidades prácticas, conocimientos, motivación, valores éticos, actitudes, emociones, y otros componentes sociales y de comportamiento que se movilizan conjuntamente para lograr una acción eficaz". Parece que a mitad de esta definición algo más prolija aparecen sustantivos cargados de pensamiento inteligente –"conocimientos, valores éticos"–. Nótese, sin embargo, el broche final, "acción eficaz": se trata de un sustantivo que impide la expansión, que restringe la carga semántica de la declaración precedente. La competencia, en definitiva, se conceptualiza como un "saber hacer" que se aplica a una diversidad de contextos académicos, sociales y profesionales, pero siempre con una intención productiva, lo que quiere decir mercantil. Así caracterizada, la competencia no es más que un hacha de sílex adaptada a las exigencias del Antropoceno.

Si ya resulta altamente problemático aceptar sin ambages la teoría, el asunto de la medición y valoración de esos aprendizajes puede terminar siendo todavía más conflictivo. Porque valorar estas competencias en ítems inacabables, consensuados con otros docentes tan cargados de alumnos como uno mismo, dotar luego al procedimiento de sentido y, a la vez, resultar complacientes con familias e inspectores que exigen resultados que ofrendar a sus superiores es, desde un punto de vista metodológico, un reto insuperable. Desde el punto de vista de la honestidad, simplemente una estafa de dimensiones colosales. Pero nada de esto se puede entender sin un buen ejemplo. De eso va el siguiente párrafo:

Lengua y Literatura. Modelo de Cataluña. Todo cuanto se debe aprender durante un año –recordemos que no enseñamos, los aprendizajes debe construirlos el alumno por sí solo– se engloba en 5 bloques: *Dimensión de comunicación oral*, *Dimensión de comprensión lectora*, *Dimensión de expresión escrita*, *Dimensión literaria* y *Dimensión plurilingüe e intercultural*. Cada una de estas cinco dimensiones se desglosa a su vez en varias competencias. Así, por ejemplo, la *Dimensión de expresión escrita* se reparte en tres competencias: "Competencia 8: Planificar el escrito de acuerdo con la situación comunicativa y el destinatario; Competencia 9: Producir textos de tipologías diversas con un léxico y estructura que se adecue al tipo de texto, a las intenciones y al destinatario; y Competencia 10: Revisar el texto para mejorarlo y tener cuidado de su presentación formal en función de la situación comunicativa". De igual manera hay que operar con las restantes *Dimensiones*. Si, supongamos, estamos preparando un ejercicio o la parte de un examen en concreto para valorar esa competencia, entonces hay que echar mano de otra parrilla –otra *rúbrica* es el espantoso nombre técnico– en la que se desglosa a su vez la manera en la que se valorará su grado de dominio por el alumno: "No logrado" significa que al alumno "Le cuesta producir textos orales organizados y enlazados con aceptable registro léxico, morfosintaxis o prosodia"; un "Logrado suficiente" significa que "Produce textos orales organizados y enlazados, con registro léxico, morfosintaxis o prosodia aceptables"; si se puntúa con un "Logrado notable", quiere decir que "Produce textos orales bien organizados y enlazados, con registro léxico, morfosintaxis, prosodia y elementos no verbales correctos"; mientras que "Logrado excelente" –recordemos que la meta es la *excelencia*, no *sobresalir* por encima de nadie– se traducirá como "Produce textos orales muy bien organizados y enlazados, con un registro adecuado, con corrección léxica, morfosintáctica y prosódica, y con un buen uso de elementos no verbales". A la vista está que aun teniendo esta parrilla a mano tendremos problemas al calibrar con precisión, dado que un "Logrado suficiente" no muestra objetivamente cómo distinguirlo del "Logrado excelente". Para evitar ese virtual conflicto, a principio de curso se debe debatir con los alumnos hasta llegar a un acuerdo con ellos, acuerdo que debe quedar formalizado por escrito en un documento donde se recoja de manera prolija los detalles que serán tenidos en cuenta a la hora de corregir y poner notas. Si, con todo, a final de curso existen dudas y la profesora o el profesor no pueden certificar exactamente los aspectos concretos donde los alumnos no han estado a nivel, entonces lo mejor será poner la nota por encima de la previsión inicial. Así se evitarán reclamaciones que nunca se sabe cómo pueden terminar. Considerando que en el documento de competencias que tengo delante se habla de 14 competencias, y que deben ser puntuadas y justificarse debidamente ante las familias y tutores tanto como ante los alumnos, el informe final debería ser lo más parecido a un ejercicio borgiano de creación de un vídeo continuo de igual duración a la de todo un curso, donde se reflejara, alumno por alumno, cómo se ha ido trabajando –o no– cada uno de estos aspectos. El mismo procedimiento debe ser llevado a cabo por el resto de asignaturas, siguiendo un formato y modo de implementación similar. Solo así, siempre según la normativa, se podrá dar una valoración justa de la manera en que una alumna, un alumno, han ido aprendiendo en ese curso cada una de sus competencias. Nota aclaratoria: en secundaria la media por profesor ronda los 130 alumnos al año. El trabajo de elaboración de notas debería ocupar, pues, unos 40 minutos por clase; y no habría que explicar, dado que los alumnos aprenden por sí mismos. Para el informe detallado de fin de curso, cada profesora, cada profesor, debería invertir todo el último mes de curso, y aun con eso nadie asegura que la valoración final estaría a salvo de ser puesta en entredicho.

Paisaje después del festival

A lo largo de los meses de la pandemia se convirtió en tópico que los diferentes responsables políticos pusieran el grito en el cielo por la supuesta irresponsabilidad de los adolescentes. Se los tachaba de insolidarios –con la colaboración de los medios–, se los acusaba de no comprender que su manera de actuar egoísta acarreaba consecuencias al resto de la sociedad. Que solo pensaban en la satisfacción del capricho inmediato y que permanecían ajenos al drama que se estaba viviendo en todas partes. El tópico, más allá de si es o no apropiado, a mí me parece iluminador de todo un sistema, merece la pena detenerse a analizarlo. ¿A qué jóvenes se dirigía la acusación? ¿A los que hacían botellón en playas y parques, o a los de escuelas de élite que montaron fiestas por todo lo alto en sus fincas particulares? Hubo alguna fiesta privada que alcanzó dimensión internacional, con la presencia de un príncipe belga incluida, ¿de qué colegios procedían esos muchachos? ¿Habían recibido allí alguna formación en valores? Cuando se invocaba la responsabilidad de los jóvenes, ¿alguien se planteaba si en esos comportamientos tenía algo que ver un sistema educativo que se desentiende de la formación de sus alumnos como ciudadanos responsables? La Ética, el compromiso social: son cuestiones nada prácticas que quedan, por tanto, desprestigiadas y arrinconadas en el sistema de aprendizaje por competencias. Pero se puede ir más lejos: el llamado *aprendizaje por proyectos* de la Ciencia ¿permite al individuo conectar conocimiento científico con capacidad de elaborar juicios que lo lleven a tomar decisiones responsables? ¿O el aprendizaje de la Ciencia permite tan solo abrir el camino para emprender, y nada más? Ni siquiera la Historia, considerada tradicionalmente *maes-*

tra de la vida, ha podido ejercer su magisterio sobre el comportamiento de adolescentes y jóvenes. Empujada hacia la irrelevancia dentro del sistema, no ha podido aportar argumentos de peso en momentos en que se llamaba a la responsabilidad individual. Y no hay que investigar mucho para saber que la historia ofrece modelos válidos de cómo en otras épocas se actuó durante las pandemias hasta lograr su erradicación. La llamada *Gripe española* es un caso arquetípico que cualquier alumno debería conocer a la perfección. ¿No han aprendido en clase que el comportamiento social es clave en la contención de una pandemia? Súmese a ese descrédito de las asignaturas consideradas poco útiles la complacencia con la que se educa, el exceso de poder de que gozan los alumnos cuando se les denomina *clientes* y ya tendremos argumentos de sobra para convertir a los acusadores con los que empezábamos este apartado en culpables. Se empeñaron en que había que formar expertos en cuestiones prácticas, en que supieran idiomas y en que se manejaran como emprendedores, pero se les negó su dimensión ética, social, estética.

En conclusión, podríamos afirmar que, en efecto, la revolución ha llegado al sistema educativo, que incluso ha adquirido forma de ley y ha acabado implantándose por aclamación. Que ha sido hecha por otros, y no por profesoras y profesores responsables y preocupados por el futuro de su sociedad. Se trata, además, de una revolución de apariencia inocente, que ni siquiera parece disruptiva ni levanta discrepancias entre las diversas tendencias políticas, incluidos los sindicatos llamados *de clase* y partidos perfumados como anticapitalistas. Cuenta con la colaboración de una opinión pública bien orquestada desde los medios que ya ha asumido el desprestigio de la función docente, la pérdida de respeto por el saber y que se ha dejado fascinar por formas variadas del éxito fácil. Como parece que a la revolución le quedan largos años de vida, propongo recuperar el siguiente aviso, aunque solo sea para empezar a hacer pedagogía de cara a un futura contrarrevolución, que será necesaria: "El capitalismo no tiene nada que ver con el deseo de mejorar la condición humana". Lo anotó Georges Bataille hace unos años, pero podría haberlo dicho hoy al hilo de esta nueva derrota conocida como el *aprendizaje basado en competencias.*

PROFESORES MUTANTES EN LOS DÍAS DEL ZOOM

Jueves, 12 de marzo. A última hora de la mañana se nos comunica que se suspenden las clases. Despedidas. Incertidumbre y alguna broma sobre la fecha anunciada de regreso. El lunes, 16 de marzo, un grupo de profesores nos reunimos por primera vez utilizando *Zoom*. Antes de eso, durante el fin de semana, ha habido un nervioso cruce de *whatsapp* que nos ha servido sobre todo para verbalizar la extrañeza en la que estamos hundidos. Nos mudamos desde lo analógico al plano de lo digital.

Primeros tanteos: algunas profesoras han empezado a enviar correos electrónicos a sus alumnos; en cuanto tengan la lista de correos, que en el centro nadie terminó de completar correctamente, empezarán a enviar trabajos. No se sabe gran cosa –si se puede avanzar materia o no, si habrá que realizar exámenes más adelante, si el curso se ha dado ya por finiquitado– pero llegamos a la conclusión provisional de que los alumnos deben ser atendidos como sea. El confinamiento decretado apunta a que será *sine die*. Como no hay pautas de nadie, ni de la administración, ni de la dirección del instituto, los profesores nos conjuramos para seguir haciendo una vida normal en el plano de lo digital. Signifique eso lo que signifique.

Dispositivos, algunos datos: Las tutoras van llamando desde sus teléfonos privados a los alumnos de los que no saben nada.

Ponemos nuestros ordenadores particulares y nuestras conexiones wifi al servicio de lo que ya son, de hecho, clases telemáticas. Todo es privado, todo se seguirá pagando de nuestro bolsillo, pero nadie ha puesto el mínimo reparo. Hay que salir adelante. Días más tarde, el instituto por fin envía una lista de las direcciones electrónicas de cada familia, aunque ya no nos hace falta. Comienza la fase de ruido en el momento cuando debía haber pautas claras: El *Zoom* no es aconsejable por cuestiones de seguridad, dicen, pero no ofrecen una alternativa concreta; la *Classroom* de Google advierte de que no es legal usarla si no hay un permiso expreso del centro educativo, que debe firmar los protocolos con la organización Google; pero si intentas abrir una *Classroom* desde el correo corporativo –xtec.cat–, servicio que paga la administración catalana, encuentras que es inoperante toda vez que ningún alumno tiene correo xtec.cat. La primera certeza será ésta: se abre la *Classroom* con nuestras cuentas particulares, y funcionan.

Administración educativa, algunos datos: Todas las licencias de Microsoft, SAP y Oracle se llevan 15 millones de euros pagados precisamente durante los días de la pandemia. Algunos departamentos de la administración compran ordenadores para que sus empleados sigan con el teletrabajo, pero no en Educación. Los profesores catalanes somos en torno a 130.000. A la vista está que suponemos un ahorro considerable, además de ser territorio pacificado. Nunca se protesta por nada.

Estamos ya a final de marzo, y hemos conseguido celebrar todas las evaluaciones según el calendario previsto. Hemos ido atendiendo a los alumnos y enviándoles trabajos adaptados semana a semana. Todavía no han llegado las vacaciones, pero ya comento con mis compañeras mi sospecha de que, al regreso de

Semana Santa, algún *conseller* aparecerá dando una rueda de prensa para anunciar que desde ese momento en que él ejerce de administrador eficaz se pone en marcha el teletrabajo. En efecto, eso ocurrirá al día siguiente del regreso de vacaciones. Semanas atrás, el día 12 de marzo, el entonces *conseller* Bargalló había dicho que descartaba las clases lectivas *online,* porque podrían provocar situaciones de desigualdad. De esta forma nos encontramos con que nuestro trabajo durante todo ese tiempo ha estado, además, fuera de la ley. Oficialmente hemos empezado a trabajar el día 14 de abril. Desde ahora las clases *online* son preceptivas. Y ya no provocan desigualdad. Lo dice el *conseller.*

Unos días antes del confinamiento Ona R. me cuenta que la han destinado a Badalona, por una sustitución. A los pocos días de su llegada se encuentra en clase con alumnas que se ponen en pie sin venir a cuento y bailan, o dan palmas, como si aquello no fuera un aula ni ella una profesora. Cuando a una alumna que baila le ordena que se marche de clase hay otra alumna que le dice: "No te vayas. Esta aquí no manda nada".

En un instituto de la Verneda, en Barcelona, los alumnos problemáticos insultan a los profesores y quedan impunes. La pedagoga recomienda a los profesores que, ante un insulto, hagan "como que no los escuchan", así todo es más fácil.

El secretario de un instituto de Hospitalet tuvo que dejar el cargo a mitad del curso pasado. O eso, o tu corazón estalla, le dijo el médico. El profesor que asumió sus funciones de forma interina continúa un año después en el mismo puesto. Durante el confinamiento y a pesar de que el centro educativo no funciona –en apariencia– está trabajando entre 50 y 60 horas semanales, lo que incluye sábados y domingos. Comento con la directora que lo que se le está exigiendo me parece inhumano, que habría que proteger a ese profesor antes de que sufra consecuencias físicas o incluso psíquicas. Que si ese nivel de trabajo es el que le exige la administración, entonces habría que decirle a la administración que no a algunas de sus exigencias, que casi siempre son gestiones burocráticas. La directora me dice que eso es imposible. Que a la administración nunca se le puede decir no.

A las tutoras y tutores que dedicaron horas interminables a localizar a los alumnos, particularmente a aquellos que carecían de *wifi*, o de *smartphone* o cualquier otro dispositivo para conectarse se les premia con un trabajo extra: cada semana tendrán que presentar un informe detallado, alumno por alumno, a todos los profesores que imparten clase a su grupo. Las tutoras y tutores seguirán dando clase, enviando tareas, recogiendo y corrigiendo las ya encargadas, atendiendo a madres y padres, que no dejan de consultar temas o sugerir cambios en el modo de trabajar. En el esquema de la administración educativa todas las tareas son posibles simultáneamente, sin límite.

La misma semana en que volvemos de vacaciones aparece un artículo de Ignasi Aragay, director adjunto del diario Ara. Su tesis es ésta: los sanitarios están siendo los héroes durante la pandemia; los próximos deben ser los docentes, que voluntariamente deberían impartir clases durante el verano. Según Aragay –y en sintonía con la orden de "comenzar" las clases telemáticas– ni profesores ni alumnos han trabajado el mes anterior ni aparentemente lo van a hacer hasta final de curso. Serán seis meses sin ir a la escuela, dice en su artículo. "Si los gobiernos no se atreven a exigírselo (y deberían hacerlo), tienen que ser ellos los que se ofrezcan", insiste Aragay. Como presupone que durante el confinamiento los profesores siguen gozando de un *dolce far niente*, añade una apostilla: "Por un año no tendrán el privilegio –sí, es un privilegio– de dos meses de vacaciones estivales". "Hay muchos otros trabajadores con empleos duros y estresantes, largas jornadas, fines de semana laborales, la necesidad de llevarse trabajo a casa", pero entre ellos no se cuentan los docentes. Los docentes son –como decía apenas unos meses atrás el conseller de Educación– *unos apalancados.*

He entrado en la web del diario Ara para recuperar el artículo de Ignasi Aragay, pero me encuentro al paso con otro artículo referido a Francia que me atrapa. Lo leo con calma: allí se afirma que, a finales de 2019, hubo 11 suicidios de docentes en apenas 60 días. En todo el año anterior hubo 58 suicidios. Los privilegiados de Francia, según el mismo diario, son llevados a esa situación extrema "por la sobrecarga de trabajo y el comportamiento de algunos niños". La empatía, que no es una de las principales virtudes catalanas, lleva a Ignasi Aragay y a mucha más gente, entre los que hay directores de centros, inspectores, y todo tipo de opinadores –otra plaga no declarada– a exigir al profesorado que se esfuerce un poco más, porque todo nunca es suficiente.

Algunos números buenos

El informe TALIS, que también elabora la OCDE, se encarga de analizar la situación de los docentes y los equipos directivos en el ámbito del mundo desarrollado. En el informe de 2018 se señala que en España solo un 12% en primaria y un 14% en secundaria se sienten valorados. Una tercera parte de los docentes considera que el estrés soportado es *bastante* o *mucho* (35% en primaria, 33% en secundaria).

Entre los motivos del **estrés** se señalan especialmente:
Ser considerado responsable de los logros de los alumnos (44% en primaria, 40% en secundaria. En este punto sobresale Cataluña).
Tener demasiado que corregir (38% en primaria, 50% en secundaria. Aquí destacan Madrid y Cataluña).
Demasiado trabajo administrativo (43% en primaria, 46% en secundaria. Sobresalen Asturias y Madrid).
Problemas para mantener la disciplina (38% en primaria, 43% en secundaria).

Dado que el informe TALIS de 2024 está en fase de tratamiento y análisis técnicos –los datos se recogieron entre febrero y marzo de 2024– echemos mano de algunos otros indicadores, por ejemplo, los que aporta WISE, la Cumbre Mundial de Innovación para la Educación. 6 de cada 10 especialistas de la organización consideran que los docentes no son tratados con respeto y dignidad en sus países. Por contra, en Asia Oriental la figura del profesor cuenta con un alto índice de valoración, según WISE. Más del 80 % de la población valora positivamente a sus docentes.

Con píxeles, todavía más irrelevantes

La noticia se avanza el 15 de abril en un clima todavía marcado por la ambigüedad: en el curso 2019–20 habrá un aprobado general. La ministra Isabel Celaá se apresura, sin embargo, a decir en rueda de prensa que no, que eso sería terriblemente injusto, que no puede haber un aprobado general. Pero. De momento dice que seguirá negociando con todas las comunidades autónomas, aunque desliza la sugerencia de que todo el mundo pase de curso "salvo casos excepcionales". El 24 de abril el BOE lo publica y zanja todas las dudas: habrá un aprobado general.

Si ya viene ocurriendo más o menos así, curso tras curso, en este, con el condicionante de tener que dar clase a través de las pantallas, todo se precipita. La figura del profesor, la clase, los requisitos, la exigencia de un esfuerzo: todo va perdiendo importancia. Cuando nos reunimos por *Zoom* mis compañeros y yo, que es una vez por semana, se constata el desánimo. Algunas profesoras dicen que empiezan a notar deserciones entre el alumnado. Al principio de la hora esos alumnos se conectan con la clase, pero es un simulacro: dejan la cámara apagada y no interactúan. Pasados unos días, esos alumnos que ya saben lo del aprobado ni se molestan en conectarse.

Casi todos los profesores coinciden: la clase telemática supone mucho más trabajo que una clase presencial. A ello hay que añadir que es un trabajo fantasma, puesto que no se ve, no consta que se realice. Contra la sensación general de que remamos sin tocar el agua, seguimos con nuestra rutina de atención a los alumnos. Poco a poco observamos cómo se multiplican las vías por las que llegan las consultas de alumnos o comunicaciones entre profesores. Es el tiempo cuando se deroga el horario. La atención se requiere por correo, pero también por *Whatsapp*, por *Messenger*, por la *Classroom*, por teléfono. Estamos de servicio 24h./24h. De ahí surgen los primeros roces en casa, con docentes que son padres y que se ven forzados a reuniones telemáticas mientras comparten espacio con hijos, a veces menores, el estrés entrando como otro virus a través de las pantallas, que se van adueñando del territorio. De cada reunión habida durante la mañana surge siempre una serie de compromisos, y eso significa que la tarde seguirá siendo zona laborable, sin límite. Hasta que se acabe el trabajo. Al día siguiente, vuelta a empezar.

Afortunadamente, hay alguna contrapartida positiva. Al descoyuntarse el horario uno puede reajustar en parte los tiempos. Esa ventaja que no se tiene en un calendario normal con clases presenciales me permite abrir espacio para charlar con otros compañeros por teléfono o por *Zoom* o *Meet* sin la presión de una hora de clase que empieza o una guardia que hay que atender. Compartimos impresiones, planeamos cómo mejorar nuestro modo de enseñar, surgen ideas que, quién sabe, podrían cuajar más adelante en proyectos. Contra lo que promete la jerga académica, que habla a menudo de coordinación pedagógica sin que haya nunca tiempo para la pedagogía, ahora conseguimos debatir y compartir puntos de vista en algo que de hecho se merece el nombre. Los directores y cargos de equipos directivos corren sin saber muy bien por qué, para qué; otros docentes hemos logrado detener la rutina para examinar lo que está ocurriendo. Digamos que el confinamiento está siendo un banco de pruebas inesperado.

Un banco de pruebas inesperado

Hacía tiempo que técnicos, pedagogos y políticos venían advirtiendo de la inminencia de recetas futuristas que permitirían el necesario salto de calidad, lamentablemente aún sin el apoyo de los docentes. Ya se sabe que el de los docentes es un gremio conservador, acostumbrado a ir un paso por detrás del mundo real, de ahí el lamento, la resignación de quienes diseñan la norma, que nunca encuentran en ellos a un aliado. Con el confinamiento por fin los docentes hemos podido probar en vivo y en directo algunas de las recetas que se imponen en la nueva escuela, de modo que estamos en condiciones también de llegar a conclusiones válidas. Algunas de las que ha dejado el banco de pruebas son:

Un libro, un pdf, un vídeo, un pase de diapositivas no sustituyen a un profesor. En el modo conocido como *clase inversa*, cuando se les pide a los alumnos que previamente revisen el documento o vean el vídeo en casa, sin la presencia del profesor, el resultado tampoco es el adecuado. Sin su ayuda, sin la posibilidad de que este suministre un marco interpretativo, los alumnos pierden la idea de conjunto, se intoxican con análisis erróneos o filtran el sentido con prejuicios que complican más que ayudan en la explicación que al día siguiente dará el profesor.

Una videoconferencia no equivale a una presencia. En el formato de clase telemática, el espacio íntimo de un hogar se convierte de manera violenta en espacio público y los modos de atención se ven condicionados. A veces aparecen en pantalla hermanos pequeños, y a veces son los padres los que rondan poniendo oído a explicaciones que, fuera de contexto, difícilmente se entenderán bien. Otros inconvenientes indiscutibles son la calidad de los dispositivos, la dificultad de utilizarlos con buena conexión y la de mantener la comunicación con los alumnos en un nivel personal. Y aquí destaca la debilidad sin solución de la relación telemática: la emotividad de una profesora, de un profesor no caben en el código binario. Con la imagen sola en 2D no se le puede transmitir al alumno la certeza de que nos interesa como persona, de que no explicamos maquinalmente, sino que transmitimos todo un mundo, y que en esa transmisión estamos ejercitando una forma de amor. No hay sustituto para la voz cercana con la que comunicamos esa emotividad en condiciones normales. María Zambrano habla de la cualidad que tiene la voz de desatar una suerte de seducción por la que atrae hacia su fuente a aquel que la escucha. *La Odisea* le pone en bandeja el arquetipo: "Lo que llega por el oído llama a la unión –y así Ulises hubo de taparse los oídos para no oír el canto de las sirenas–". Por videoconferencia la voz no seduce.

Los padres no son vicarios del profesor. Pueden tener muy buena voluntad, pero no son expertos, por regla general. Si lo son, si se trata de gente con estudios superiores –tal vez incluso docentes ellos mismos–, la relación se ve siempre desvirtuada al proponer una ecuación entre lo familiar y lo pedagógico. Lo familiar esconde un impulso hacia el útero y se define como fuerza de protección; lo pedagógico es fuerza que llama a salir hacia el mundo y se define como exigencia.

El aula física es insustituible. De nada sirven las ilusiones tecnofetichistas que han querido encontrar el nuevo espacio de la enseñanza en ese mundo aséptico que es la red. Somos seres sociales y solo en sociedades –el hogar, el barrio, la escuela– logramos desarrollar las características que nos definen como humanos. En *La vida en las aulas*, todo un clásico de la pedagogía, Philip W. Jackson define el aula como ese espacio que es, además, el marco idóneo para desarrollar en el alumno su dimensión social: "Y este espacio de las aulas señala ante todo la existencia de una sociedad (...), un espacio propiamente humano o más bien humanizado; una creación que es parte de la creación propiamente humana que, antes que en obras de arte y de pensamiento, consiste en una sociedad donde tales obras pueden nacer y vivir. Un espacio, pues, diríamos poético". La definición del aula como "espacio poético" revela que está dotada de la dimensión de lo intemporal, lo duradero. Hölderlin, el poeta alemán, viene en su ayuda cuando proclama: "Lo que permanece lo fundan los poetas". Y el aula es, por ello, un espacio al que le queda una larga vida.

La figura de la profesora, del profesor, sale reforzada tras la crisis del Covid-19. Quisieron vaciarla de significado cuando diversos teóricos comenzaron a hablar de *la nueva función docente* como si nos halláramos ante un fenómeno inevitable de la posmodernidad. Ya en los 80 se decretó el fin de la clase magistral y, en consecuencia, del capital simbólico del docente cuando se quiso definirlo como un mero acompañante, un monitor, un *coach*. En el informe de la UNESCO titulado *La cambiante función del profesor* (1980) se certificaba que "de considerarlo como fuente e impartidor de conocimientos" se pasaba a verlo meramente "como organizador y mediador del encuentro de aprendizaje". Rebajada su figura, disuelta su presencia de autoridad intelectual y experto en su materia, nada puede extrañar el lugar al que ha quedado reducido el docente en la actualidad. Inesperadamente la experiencia del confinamiento ha supuesto un revulsivo. Habrá que ver si se sabe capitalizar dicha experiencia para revertir la crisis en la que se halla su figura. Una crisis, todo hay que decirlo, inducida desde fuera y no desde la institución *escuela*. De las motivaciones que llevaron a esa crisis ya hemos hablado anteriormente.

La foto buena no es la de Instagram. Está en el desván, como la de Dorian Gray.

Es difícil encontrar en el imaginario colectivo una figura más sujeta a crítica que la del docente. No solo es que todo el mundo opine sobre él, sino que además todo el mundo se ofrece como experto para enderezar su rumbo. Porque de eso se trata, de que los docentes, en la opinión más extendida, siempre están errando, en el doble sentido de que se equivocan y de que desconocen el camino adecuado, por eso necesitan de alguien que les marque la pauta.

El docente paga las consecuencias de ser una figura ligada al entorno emotivo del individuo desde sus primeros años. Es ese no–familiar–sin–embargo–unido–al–clan sobre el que existe un derecho no escrito de censura. Pero es también una presencia amenazante. Desde la perspectiva de los padres, el docente es un contrapoder, una fuerza potencialmente hostil al clan familiar que por eso mismo debe ser puesta en cuarentena permanente. Sin embargo, y precisamente porque su irrupción en el juego de fuerzas simbólicas de la familia es desequilibrante, la aparición de la maestra, del maestro, es imprescindible. Gracias a esa aparición, el niño, la niña, que hasta entonces han sido simplemente *hijos de*, podrán acceder a otra dimensión, en la que comenzarán el desarrollo de su propia identidad. Lo que aporta al individuo una profesora, un profesor, y que no pueden aportar los padres es lo que, en palabras de Fernando Bárcena Orbe, tiene que ver "con la formación de una subjetividad: enseñar a alguien es, ni más ni menos, ayudarle a convertirse en sujeto". Entender este hecho da pistas para analizar lo implacable de la crítica que se ejerce sobre el docente, y no solo desde la familia: grupos religiosos, determinadas orientaciones políticas o tendencias ambiguas como el *homeschooling* observan con displicencia la figura del docente.

Entonces hay que reforzar su figura, en la medida en que es

clave para la formación del nuevo individuo en libertad. Es por esta vía por donde se impone reafirmar la *autoridad simbólica* del docente, puesto que de ella depende su misión de corte político, que es la que determina el lugar que el docente tiene en la sociedad. Esta condición es la que requiere del resto de figuras sociales una respuesta a la altura: a los alumnos, familias, inspectores, técnicos de la administración, opinadores y políticos les cumple respaldar su posición en la escuela, no ponerla en entredicho. Justo lo opuesto de lo que ha sido moneda corriente en los últimos años. De todas esas figuras quienes con más motivo deben entender esa autoridad son, evidentemente, los alumnos. Gregorio Luri, en *Por una educación republicana*, subraya esa idea cuando afirma: "La preservación del valor de la transmisión exige una cierta sumisión". Todo lo demás, cualquier otra retórica de lo igualitario o la supuesta irrelevancia de la autoridad son, en la práctica, la afirmación y engrose del fascismo en sus diversas variantes. Adolescentes y jóvenes educados bajo el influjo de ese mito son los que en estos días copan parte llamativa de los noticiarios: unos se exaltan con una bandera en la mano cantando himnos cuasimilitares, otros destruyendo cualquier estatua pública de pronto resignificada como racista, aunque no se trate más que de un objeto *kitsch*, digamos una sirenita. Poner en tela de juicio la validez de la figura docente, y mucho más cuando se hace bajo una pretendida idea de igualitarismo, trae estas consecuencias. Políticas, claro, en coherencia con la decisión de vaciar de contenido político a quienes desarrollan una función politizadora –de *polis*, ciudad y, por extensión, sistema social– imprescindible. Cualquier forma de totalitarismo se ha compadecido y se compadece mal con la escuela. Que en ella exista una *autoridad* enerva a los totalitarios.

Pero son más los enemigos de la figura del docente, y conviene no olvidar que muchos se denominan *compañeros*. Son aquellos docentes que, ante la situación de conflicto que estás viviendo, se adelantan a asegurar que "ellos nunca han tenido problema con *ese* alumno". Los que aparecen en todas las reuniones haciendo un repaso generoso de lo mucho –pero mucho– que han trabajado en ese trimestre. Los que presuponen que tu asignatura está bien, pero nada que ver con la importancia y complejidad de la que ellos enseñan. Los que se atrincheran en su manera caprichosa de trabajar aduciendo que se consideran autónomos y que nadie les va a decir cómo deben enseñar. En esta lista no olvido a los enemigos refinados, los que ejercen de mensajeros del Averno: aquellos que, en caso de conflicto extremo, cuando un profesor acaba por explotar ante una situación insoportable, siempre decretarán que el problema tiene como responsable al profesor, que nunca debió haber perdido la calma. Porque según ellos, quintacolumnistas refinados, el profesor ha de ser una persona estable bajo cualquier condición, no enferma, duerme bien, carece de problemas vitales, ha sometido al imperio de la razón toda su arquitectura físico–psíquica, es un ser humano de otro nivel, es una variante rara de la especie. Mejor: es un *cíborg*. Cada tarde, al regresar de la escuela, pone su sistema en reposo y se enchufa a la corriente para cargar las baterías. Vacía la RAM. Elimina virus. Solo en esas condiciones, según los emisarios del Averno, una profesora, un profesor, pueden gozar de su beneplácito.

No, no hay que llegar a tanto. La apariencia amable y de paciencia infinita del docente suele cubrir otra realidad, una cara que nadie ve, y que envejece al tiempo que suma decepciones, desplantes, incomprensión. Como un Dorian Gray tras su pacto con la escuela. Una profesora, un profesor está expuesto continuamente a lo frustrante, a lo que acongoja, a lo desolador, y es verdad que tiene que asimilarlo sobre la marcha, de la manera que pueda. Pero todo eso, toda la experiencia que hace daño y frustra y es desoladora, precisa de una salida. De no deshacerse adecuadamente de esa experiencia inevitable, se irá volviendo tóxica y un día despertamos sintiendo que es tarde y esa toxicidad se ha adueñado de cada célula. Ese es el punto de no retorno: nunca hay que permitirse llegar hasta allí. A la experiencia tóxica hay que darle salida, y para eso está la palabra. Y la palabra de una profesora, de un profesor merece todo el respeto. El respeto es innegociable, y empieza por los iguales, por los docentes con quienes se comparte la carga diaria, hombro con hombro. Si hay alguna posibilidad de futuro para la función docente, si tiene que mantenerse viva la confianza en lo que hacemos, será porque los propios docentes afirmemos esta dimensión de nuestro trabajo, que es comunitaria. De *communis*, y esta palabra, a su vez, de *con* –junto a– y de *munus* –tarea, función–: de donde hay que entender que nuestra tarea, pese a que estamos casi siempre solos en el aula, es una tarea compartida, en la que se trabaja junto al otro. O hay comunidad o no hay escuela. O hay comprensión, empatía, fuerza, apoyo mutuo, respeto, o no hay escuela. Guardar en silencio las humillaciones, esconder la frustración o la rabia, vestirse de estrés día sí y día también es el camino rápido a la mutación que nadie ve pero que va dejando su huella en el retrato que escondemos en el desván.

El desván esconde siempre la verdad.

LA VOLUNTAD DE ENSEÑAR Y LA VOLUNTAD DE APRENDER

Que la administración dé una idea, y que la presente con vuelos de novedad: hay pocos hechos que en un centro educativo levanten una ola tan grande de sospecha instantánea. Si la idea en cuestión sigue adelante, es decir, si no es abortada para poner en marcha otra más arriesgada –lo que ocurre con frecuencia–, si empiezan a llegar correos con sugerencias sobre cómo sentar las bases para su aplicación, entonces el personal en pleno adopta el modo alerta. Se hacen pronósticos, se escruta el entorno, cualquier flanco parece débil. Pasan los días y el ambiente comienza a bullir con una mezcla de hartura, abatimiento, recelo, pulsiones homicidas, mucho susurro. La historia se ha vivido tantas veces. Lo que hoy es tendencia y la administración lo impone de manera inapelable, dos cursos después puede declararse obsoleto, y que no se atreva una profesora, un profesor, a mencionarlo en reunión alguna, bajo pena de incapacitación permanente por anquilosamiento.

En Educación las ideas innovadoras funcionan como el *botox* y tienen poca relación con necesidades reales de mejora. Hablamos de ideas que son casi siempre inventos abstrusos, que enredan más que facilitan, que, si se naturalizan en la escuela, lo hacen de manera efímera y que por todo ello generan un estrés añadido al estrés cotidiano para no dejar ningún beneficio a cambio. Son inventos acumulativos, son *gadgets* pedagógicos, son ocurrencias que compartidas en red social hasta parecerían grandes ideas pero que tras contar hasta diez se revelan como idioteces máximas. La vida escolar gira cada vez más al ritmo de los *trending topics*, y eso genera una fuerza equipolente en sentido conservador. Lo habitual ya es desconfiar de toda idea nueva, y, claro, eso incluye también las ideas interesantes que pueda traer un profesor.

Porque una idea nueva, pese a todo, puede que sea una idea sanadora, una idea que simplifique, o que aclare, o que eche fuera lo pernicioso, puede acabar confirmándose al final como una buena idea. Por eso conviene escucharla, dejarla que muestre sus brillos, que se esponje y, tal vez, incluso se le pueda dar unos minutos de vida para que acredite sus cualidades. Así ha avanzado la especie, y así se ha ido ensanchando el acervo de nuestra cultura a lo largo de la historia, con ideas nuevas que surgieron en un ambiente refractario y que, con el tiempo, lograron ser aceptadas como un nuevo hito para la humanidad. En el momento actual de nuestra escuela posmoderna cometeríamos un error gravísimo si nos conjurásemos contra toda idea novedosa y decretásemos el conservadurismo como método de prevención. Al contrario, hay que asumir la paradoja y plantearse que la escuela necesita ideas nuevas para, por ejemplo, revertir esa tendencia hiperacelerada a lo novedoso. Para seguir siendo parte activa en un mundo mutante que tiene que ser continuamente reinterpretado por la escuela. Porque también hay que saber que la rutina paraliza, y la escuela no puede morir de parálisis. Necesita ideas.

Un profesor levanta la mano durante una reunión en el departamento de Lengua. Pregunta por la celebración del Día del Libro, el 23 de abril. Al oírlo, dos compañeros resoplan, parece que el profesor en cuestión ha violado una norma no escrita, de ahí la reacción compacta del resto de profesores. El jefe del departamento intenta ser cortés, pero tiene una respuesta que dar, una del tipo reflejo, de las que no requieren debate previo. Es evidente que el profesor ha planteado la idea –o la posibilidad, o la ficción, o la utopía– de una fiesta de celebración. Es nuevo en el instituto y eso, se mire como se mire, es un atenuante. Se abre formalmente la puerta a la idea, pero deberá quedar claro que en ese asunto son tajantes: el departamento de Lengua no celebra nada especial. Se hará lo de siempre. Y lo de siempre es un concurso de textos poéticos. El jefe del departamento le pone un título de resonancias sagradas: "Juegos florales". Nada que añadir a la propuesta del profesor nuevo, aunque gracias por la idea.

¿De dónde surge el interés por mejorar el acto docente? ¿Y la voluntad de seguir educando en contextos donde todo invita a dar la batalla por perdida? ¿Qué mueve la voluntad, qué empuja a seguir buscando el hueco donde todavía cabe el acto de enseñar libremente?

Núria T., es profesora de un instituto de barrio. Está en la sala de profesores y comenta a sus compañeros que está formándose en nuevas estrategias educativas. Ronda los 50, pero mantiene un alto grado de ilusión contra las estadísticas, que dice que ya hace años debía haber dejado paso al cinismo. Núria se explica de manera chispeante y tiene ese verbo que contagia la emoción de descubrir. Dice que ha asistido a charlas, y que ha descubierto en otros institutos algunas experiencias que le interesan. Quiere llevar a la práctica algunas de ellas en el centro. Otro profesor que la escucha no tarda en replicarle: en este centro lo único que se le pide es que mantenga el control de un aula durante una hora. Así de simple. Otro profesor le recuerda que la psicopedagoga del instituto, sin ir más lejos, recomienda cuando un grupo se vuelve intratable que la profesora renuncie a su plan de clase y ponga a los alumnos a copiar. Sí, copiar un texto, mecánicamente. Como si no hubieran pasado los últimos 50 años. Ese es su método, y así se practica en el instituto: que copien hasta que se haga el silencio.

¿De qué se nutre el optimismo de Núria?

Núria T. persiste en su intento a su costa, asistiendo a cursos en sus –escasas, ya que es madre– horas disponibles, preparando materiales propios y gestionando su trabajo en el aula de la manera que ha aprendido. A la vez intenta no pensar en detalles que le generarían inseguridad: que a sus espaldas no hay nadie sosteniéndola, que si los alumnos se niegan a seguir sus propuestas le dirán que ha sido un error, que ya le advirtieron de que sus innovaciones no iban a funcionar. Sabe que, si no logra un éxito mínimo, tendrá que volver a los apuntes, a mandar copiar, al arsenal de ejercicios, tareas y actividades que obliguen a los alumnos a empuñar un bolígrafo hasta alcanzar al cabo de unos minutos una modorra aceptable. A Núria T. en parte la mantiene viva un ejercicio de olvido: que nunca la frene la constatación de que, por sí misma, no puede. Puesto que la realidad es paralizante, debe negarla.

La realidad es que una profesora carece de poder.

Una mañana verídica:

Tengo frío, dice una alumna. No he traído boli, añade, y para pedir uno le da un grito a otra alumna que está en las antípodas. Que me tires el boli. Otra expone sus premáticas: No pienso copiar porque a ti te dé la gana. La alumna sabe que no habrá consecuencias, y por eso puede decir lo que quiera. En ese instituto es así. Más tarde un alumno se levanta y detiene una explicación porque en ese momento le resulta impostergable subir una persiana. La chica que no quiere copiar insiste en que no va a copiar por más que se lo diga el profesor. Que tiene la regla, y no copia. Si al final de la hora los alumnos consideran que el profesor ha batallado más de la cuenta al pedirles que trabajaran, esa clase puede poner una queja en jefatura de estudios. La queja pondrá automáticamente en marcha una investigación contra el profesor, por más que los alumnos sean más que conocidos por su capacidad para la disrupción. Si existe el escrito, el profesor tendrá que dar explicaciones y justificar cada palabra que en el escrito se le atribuya. Los alumnos y las alumnas saben que siempre pueden reclamar. Los alumnos y las alumnas saben que pueden negarse. Los alumnos y las alumnas saben también que una explicación se puede interrumpir. Dicho de otro modo: los alumnos y las alumnas saben que tienen poder.

La profesora, el profesor, por contra, lo que saben es que hay una rutina que respetar, que tienen que autocontrolarse en todo momento, y autocensurarse para evitar enfadar a sus alumnos; saben que tienen que motivar, que justificarse, que tienen que comprender. No pueden quejarse, no pueden defenderse ante una falta de respeto, no pueden organizar un trabajo en equipo si un alumno cualquiera decide boicotearlos, no pueden reclamar más tiempo para atender debidamente a alumnos con problemas, no pueden negarse al simulacro que es una clase cuando se tiene delante un grupo inabarcable de 39 alumnos –en bachillerato, por ejemplo–, no pueden agotarse, no pueden desmoralizarse ni romperse, nunca. Los profesores no pueden, *ergo* no tienen poder.

Los alumnos más lúcidos tampoco lo tienen fácil para sobrevivir a esta dinámica embrutecedora. En la noticia que tengo delante, una alumna de 17 años realiza unas declaraciones que recoge la prensa: "La educación no es la simple impartición de una doctrina, sino el proceso por el cual nos convertimos en personas independientes, con su propio pensamiento crítico y su libertad de elección frente a la impartición de una doctrina". Habla en el curso de un encuentro que gira en torno a nuevas tendencias educativas, y lo que transmite es una cierta hartazón de docentes que repiten esquemas de manera mecánica.

La frase es tan contundente y está tan bien delineada que no puede haber legislación alguna dispuesta a contradecirla. Añado más: llegado el momento, cualquier administración, cualquier cargo, cualquier inspector se apresurará a declararse de pleno acuerdo con ella. La chica se llama Andrea M., y es de Andorra, Teruel. Aprovechando que tiene el micro y, acaso por primera vez, un público dispuesto a oír, añade algunas puntualizaciones sobre lo que ella ha vivido hasta 2º Bachillerato: "No pensamos: rellenamos formularios. No aprendemos: memorizamos palabras que luego olvidamos. No nos educan: nos normalizan, nos reducen, nos apagan". Ha dado un diagnóstico; otros deberían buscar el tratamiento adecuado. Por suerte, hay profesoras y profesores dispuestos a dar respuestas a alumnas como Andrea, que exigen algo más de sus clases, pero no lo tienen fácil. Para paliar los defectos del sistema, tienen que desarrollar ideas innovadoras, y luego trabajar como titanes para convencer al resto. O para que, si nadie quiere sumarse, al menos les permitan trabajar en la línea que consideran adecuada, que no los obliguen a borrarse. Además, ese esfuerzo se perderá si no se extiende a lo largo de varios años. Van a tener que cargarse de energía suficiente para soportar la presión de toda esa fauna humana que se considera acreditada para enjuiciar su trabajo.

Núria y Andrea tienen en contra: leyes, organismos no educativos, burocracia, tendencias pedagógicas funestas, controles de calidad. También: individuos con nombres y apellidos, desde los que firman decretos o dirimen presupuestos, hasta quienes dirigen y organizan los centros educativos. Los sindicatos: excepto ASPEPC –cuya trayectoria todavía no ha arrojado logros reseñables–, no hay sindicato que a día de hoy se haya posicionado de manera abierta contra el *capitalismo cognitivo*. Las AMPAS, las familias. Núria y Andrea tienen en contra a todos los que ejercen sobre la enseñanza algún tipo de poder.

¿Dónde hay un respirador para docentes?

Sorprende, parece difícil de explicar, pero el hecho es que todavía se cuentan por miles los y las docentes que, contra la corriente general, sostienen en buen estado la voluntad de enseñar. No diré intacta, ni libre de dudas, ni a prueba de desaliento, pero existir, todavía existe esa voluntad, y en no pocos docentes. Frente a la incomprensión de quienes en alguna medida confluyen en el acto de la enseñanza. Para esos docentes la amenaza de sucumbir está ahí, y se manifiesta en las dos formas patológicas más nocivas: una es el síndrome del *burnout*, la combustión final, la pérdida de la fe en la labor de la enseñanza; la otra es el cinismo, la muerte cerebral, la crionización de la ética que en adelante solo permitirá trabajar por pura inercia, prescindiendo de cualquier ilusión en el trabajo diario. Con todo, contra todo, muchos docentes mantienen con buena salud su voluntad de enseñar y asumen como parte de su rutina las fricciones que provocan por ese simple hecho. Queda un misterio sin resolver, el que tiene que ver con el combustible que mantiene en marcha esa voluntad: ¿Qué nombre tiene, de qué está hecho eso que alimenta su ilusión, dónde está la vitamina necesaria para que los docentes se renueven a diario y se mantengan motivados? ¿Por qué, cuando la renuncia se aparece como un vuelo libre de turbulencias, persisten en la voluntad de enseñar?

Sospecho que las respuestas podrán ser tantas como docentes, y que todas esconderán un abanico de razones entre las que juegan la sensibilidad, la inteligencia, la escala de valores y una buena cantidad de componentes emocionales que rara vez se dejarán ver con facilidad. Eso no significa que no podamos apuntar algunas respuestas. Conocerlas servirá para comprender mejor la voluntad de enseñar y, de paso, hallar las condiciones para que esa voluntad sea estimulada en otras situaciones, también en quienes en un momento dado de su experiencia han optado por abandonarla en algún desván interior. Reviso docenas de charlas que he tenido a lo largo de estos años con innumerables profesoras y profesores. Por supuesto, también invoco los años que he vivido en las aulas. Todas las respuestas son parciales, aunque sospecho que se pueden reducir a una sola en alguna estructura profunda. Las apunto:

a) Haber comprendido el acto de enseñar.

Porque la inteligencia de la persona que ejerce como docente es algo así como su sistema inmunitario contra la fealdad, la estupidez, lo utilitario. Un docente que se respete a sí mismo puede, bajo condiciones de presión, optar por guardar las formas y actuar de la manera que le ordenan. Esa decisión lo llevará a desproporcionar sus funciones para acabar dedicando más tiempo del que quisiera a actividades inútiles como informes o reuniones sin sentido en vez de dedicarlo a la preparación de las clases. Y lo puede seguir haciendo por un tiempo, pero lo que no podrá hacer es doblegarse indefinidamente sin que su sistema inmunitario reaccione. Puesto que ha entendido lo que significa enseñar, el docente buscará la manera de poner su espacio y su tiempo –su aula– al servicio de ese acto de entrega del mundo en el cual ejerce de mediador. Mientras su inteligencia se mantenga intacta, encontrará métodos para seguir ejerciendo consecuentemente, sorteando con no pocos sudores las pruebas del día a día. A esta respuesta, por descontado, le cabe también un escolio: nadie es infinitamente inmune a la agresión externa. De ahí, las terribles historias de profesores que acaban en depresión, de quienes en casos extremos incluso abandonan la docencia, un tema que en los últimos meses ha ido cobrando forma en reportajes y entrevistas en prensa –antes era poco menos que una leyenda, una historia brumosa que solo a veces llegaba de mundos lejanos, como las catástrofes televisadas–. Porque la inteligencia no puede entrar en componendas cuando lo que se exige es una actitud delirante, y los sistemas actuales son un buen ejemplo de delirio. Los que resultan víctimas, los que ya no pueden más, son el terrible balance que deja el conflicto entre haber entendido lo que significa enseñar y verse sometido a representar otra cosa que nada tiene que ver con la enseñanza. Ellos son la fotografía–denuncia, la prueba de cargo contra un sistema desquiciado que identifica la inteligencia como un factor distorsionante.

b) Identificarse con la tarea.

Una profesora, un profesor, conscientes de su papel terminan asumiendo la vena docente como otro de sus rasgos identitarios.

Si técnicamente podríamos decir que uno es docente mientras tiene alumnos y ejerce como tal, en la práctica lo que encontramos es que el docente nunca abandona esa dimensión, ni siquiera después de jubilado. Maarten Simons y Jan Masschelein en su *Defensa de la escuela* lo explican así: "Mientras el conocimiento y la competencia garantizan un tipo de pericia, son cosas como la presencia, el cuidado y la devoción las que dan expresión a la maestría del profesor. El profesor, de cierta forma, *encarna* la materia y la hace presente en el aula". "Estar poseídos por lo que enseñamos", dice Fernando Bárcena Orbe.

La condición de docente no es un uniforme, es lo más parecido a un estado, y un estado que acaba por naturalizarse en la persona que lo asume. Jorge Larrosa lo define como una dignidad que se añade y perfecciona a la persona que decide ser docente, y para eso recuerda un pasaje de la novela *Stoner*, de John Williams: "Sentía por fin que empezaba a ser profesor, lo cual era simplemente ser un hombre a quien el libro le dice la verdad, a quien se le concede una dignidad artística que poco tiene que ver con su estupidez, debilidad o insuficiencia como persona. Era un conocimiento que no podía expresar pero que le había cambiado y gracias al cual su personalidad se volvió inconfundible."

c) Experimentar interés por sus alumnos.

La lista de tareas que un centro le impone a una profesora, a un profesor, puede ser inabarcable. En ocasiones se sentirán, y con razón, como máquinas embrutecidas que escupen formularios o que atienden al teléfono o mandan mails. Con todo, esa profesora, ese profesor, siempre sabrán poner a salvo su aula y a sus alumnos, al menos en ese breve paréntesis que es la hora de clase. Allí su atención solo es para sus alumnos, y a ellos atienden en cuerpo y alma. Amor por el mundo, como dice Hannah Arendt, un amor que estima como la mayor urgencia la transmisión de ese mundo a la nueva generación, y que, por tanto, solo admite ese nombre: amor. Jorge Larrosa no se retrae frente a la palabra al definir lo que se hace en el aula: "Los del aula son trabajos de amor". En su exitosa *Mal de escuela*, Daniel Pennac inserta un diálogo sobre el que planea el concepto, pero el profesor siente terror de invocarlo con la palabra exacta: "Si sueltas esa palabra hablando de educación te linchan, seguro. [En el texto siguen varias líneas en blanco que rezuman expectación. Al final el profesor Pennac se rinde a la evidencia y se atreve con el tabú, la palabra impronunciable que, sin embargo, determina el acto de enseñar]: El amor". Desde luego, no es el sueldo, ni el calendario de vacaciones, ni otros muchos aspectos que vistos desde fuera de la función docente resultan codiciables. Lo que mueve a una profesora, a un profesor, a hacer lo que hacen y, más allá de su estricta obligación, a seguir haciéndolo fuera de su horario, solo puede llamarse amor. Y es cierto que la palabra ha pasado a ser uno de los inefables en un contexto de productividad vacía como el del sistema actual, pero no tenemos otra mejor. Casa mal bajo el prisma de la profesionalidad mal entendida, pero es que un docente no puede en sentido estricto ser llamado un profesional, porque lo suyo requiere del amor.

d. Haber experimentado la magia del acto.

El hecho de *aprender* es resultado de un hecho lingüístico al que llamamos *enseñar*. En esos actos de habla sucesivos que son las clases se desarrolla un esquema comunicativo complejo en el que profesor y alumnos alternan continuamente los papeles de emisores y receptores. En tanto que receptores, unos y otros lanzan continuos avisos, algunos más evidentes, otros más sutiles, para confirmar que la descodificación va siendo la adecuada, que funcionan los mensajes y logran su intención (o no). Alumnos que mueven la cabeza afirmativamente, profesores que sonríen al escuchar el comentario inesperado, ojos que se abren hasta lo imposible para mostrar sorpresa. En los minutos que dura una clase pueden contarse por miles esos microactos de comunicación, se superponen y confunden unos con otros. De ese abigarramiento, cuando se produce, solo puede surgir un clima de optimismo que admite sin estridencias el nombre de felicidad. No tiene que producirse en una sola clase, no hablo del día concreto en que estalló la magia, basta con que a lo largo de un curso ese espacio hecho de palabras haya acogido en sus dimensiones a un grupo de alumnos con su profesora, con su profesor. Entonces es cuando ese espacio adquiere materialidad: nadie quiere abandonarlo.

Algunos nombres buenos

No son muchos. El nombre de la inmensa mayoría flota apenas en el recuerdo de quienes fueron alumnos y, al poco tiempo, la vida, los oficios, otros nombres más imperiosos, o más torvos, o prometedores, o trágicos, los arrancan de allí y los mandan al sumidero de la memoria. Solo unos pocos de esos nombres han quedado consignados en las páginas de un libro y así se han salvado del olvido y han llegado hasta nosotros. Hay muchos más, pero aquí va una lista con algunos de esos nombres buenos.

Louis Germain, por ejemplo. No tiene entrada en Wikipedia. No existe bibliografía interesante sobre su persona. Es un profesor anodino de una escuela pública en la Argelia francesa. Un día de 1923 recibe como alumno a un niño anodino llamado Camus, Albert. Lo trata en clase y no tarda en sentir inclinación por él, así que comienza a darle clases gratuitas. Después, y contra la opinión de la familia Camus, que quería que el chico entrase a trabajar lo antes posible, lo propuso para una beca. En 1957, mucho tiempo después de la escuela, Albert Camus le escribe una carta. Lo acaban de llamar de la Academia sueca, y le sobran motivos para dirigirse a su viejo profesor:

> "Cuando supe la noticia, pensé primero en mi madre y después en usted. Sin usted, la mano afectuosa que tendió al pobre niñito que era yo, sin su enseñanza y ejemplo, no hubiese sucedido nada de esto. No es que dé demasiada importancia a un honor de este tipo. Pero ofrece por lo menos la oportunidad de decirle lo que usted ha sido y sigue siendo para mí, y le puedo asegurar que sus esfuerzos, su trabajo y el corazón generoso que usted puso continúan siempre vivos en uno de sus pequeños discípulos, que, a pesar de los años, no ha dejado de ser su alumno agradecido. Le mando un abrazo de todo corazón".
>
> Albert Camus.

Tiene solo 44 años pero en Francia es ya una figura rutilante. Nada menos que Sartre ha sido su principal adversario en algunas polémicas. Es también un hombre de mundo: se le conocen varios romances, y ha estado casado con distintas mujeres, la española María Casares entre ellas. La noticia del Nobel debería terminar de arrojarlo en esa borrachera que es la fama y hacerlo perder pie con la realidad, pero no es eso lo que ocurre. Tuvo un maestro que vio en su minúscula figurita de diez años un destello, una promesa. Fue también él quien le regaló la primera experiencia de lo sublime, cuando le leía en clase una novela de Roland Dorgelès sobre las trincheras de la Gran Guerra. Se titulaba *Las cruces de madera.* El Nobel devuelve a Camus a su escenario primordial, y allí encuentra a quienes le suministraron su capital primero: su madre, una mujer prácticamente sorda y muy limitada, que le dio la vida y lo crio, y Germain, el oscuro profesor de una escuela argelina que le dio la Literatura. Pero la respuesta de Germain no es menos valiosa:

> "Mi pequeño Albert –le dice–: El pedagogo que quiere desempeñar concienzudamente su oficio no descuida ninguna ocasión para conocer a sus alumnos, sus hijos, y éstas se presentan constantemente. Una respuesta, un gesto, una mirada son ampliamente reveladores. Creo conocer bien al simpático hombrecito que eras y el niño, muy a menudo, contiene en germen al hombre que llegará a ser. El placer de estar en clase resplandecía en toda tu persona. Tu cara expresaba optimismo. [...] Es para mí una satisfacción muy grande comprobar que tu celebridad (es la pura verdad) no se te ha subido a la cabeza. Sigues siendo Camus: bravo".

Porque un profesor es, por encima de todo, la persona que escucha, la que de esa manera ilumina en sus alumnos espacios que ni siquiera ellos mismos conocían. Germain supo que ese niño de diez años se merecía lo mejor de su atención, y se la dio. Tal vez fuera la primera persona en saber que el hombrecito de la clase en una escuela argelina tendría un lugar importante en la Literatura del mundo. Y eso fue suficiente.

Claudio Magris también recuerda a los suyos, aunque sin

nombre, porque fueron varios los que le dejaron su marca. A ellos agradece el bagaje que le entregaron y que no es, como se creería a bote pronto, un cerebro lleno de datos. Lo que Claudio Magris agradece a sus profesores es mucho más grande:

> "He tenido maestros y a ellos les debo ese poco de libertad interior que poseo y que ellos me dieron tratándome de igual a igual".

Porque un profesor es casi siempre la primera persona que lleva a una alumna, a un alumno, a comprender que para el pensamiento no existen los límites. De las doctrinas y los prejuicios demasiado a menudo se encargan las familias. Del territorio prohibido, el entorno social, la cultura. La escuela, por su parte, enseña la audacia y mantiene atado el miedo. Así el alumno aprende que el pensamiento vibra mejor cuando no hay obstáculo entre él y la verdad.

A Jean Hyppolite le dedica Michel Foucault su lección inaugural en el Collège de France. Foucault, él mismo ya un filósofo respetado, reconoce a Hyppolite como su maestro. Fallecido dos años antes del nombramiento de Foucault, es señalado como aquel que abrió en el pensamiento brechas por las que el propio Foucault ahora discurre:

> "Es hacia él, hacia su falta –en la que experimento a la vez su ausencia y mi propia carencia– hacia donde se cruzan las cuestiones que me planteo actualmente".

Porque una profesora, un profesor abren caminos. Sin ellos, la inteligencia de un alumno –energía pura– estallaría aquí y allá como estallan los fuegos artificiales, sin más objetivo que un poco de sorpresa y entretenimiento. Sin un proyecto, el alumno caminaría a la deriva durante años en busca de no se sabe qué. Porque otros abren caminos, el alumno descubre nuevas realidades, ensancha el mundo. La labor que empezó en una clase ahora debe llevarla por sí mismo más lejos. Es su momento de emancipación.

La versión tierna –o fuerte– del profesor que ejerce con dedicación su trabajo es recurrente en el cine. Nos sirve de modelo la película de David Trueba *Vivir es fácil con los ojos cerrados*. En ella se recrea la aventura real de Juan Carrión Gañán, un profesor de Inglés que, en 1966, se lanzó a la carretera con su viejo coche para llegar a tiempo de conocer a John Lennon aprovechando un rodaje suyo en el desierto de Almería. En la película aparece como Antonio San Román, un gris profesor de un pueblo de Albacete.

Los primeros compases de la película sugieren un estado de cosas un tanto salvaje en el ámbito de la educación española. Se suceden las escenas violentas: el bofetón de un cura a un niño, del padre al chico que escapará de casa, de la gobernanta a una chica en un internado. Son imágenes que evidencian la tensión de un mundo docente edificado sobre el principio de la violencia. No de la autoridad, sino del orden salvaje que se sostiene en la idea supuesta de una violencia legítima. Son los años 60, y el protagonista, a quien interpreta Javier Cámara, dedica sin embargo sus clases de Inglés a las canciones de los Beatles. Pero no a aprenderlas de memoria, ni como método de enganchar a los alumnos a una asignatura que podría parecer seca. Lo que Antonio San Román–Juan Carrión les pide a sus alumnos en primer lugar es que entiendan el texto; enseguida los lleva más allá. Se trata de desentrañar el sentido de ese grito de auxilio –*Help!*– que repite la canción. Solo un profesor puede empujar a sus alumnos en ese salto que lleva desde lo superficial a la intención oculta de un texto o un poema. De una simple canción *pop*. Es puro factor humano. En el aula.

Casi al terminar la película es el protagonista el que lanza su propio mensaje de auxilio: "Los profesores, de tanto tratar con niños, acabamos por no entender el mundo de los adultos". Porque un profesor no es un expendedor de verdades, sino alguien que también se encuentra en su propia pesquisa. Alguien que no deja de aprender. Juan Carrión Gañán murió el año 2017, a la edad de 93 años. En sus clases utilizaba recursos multimedia como el cine, los vinilos, o las noticias de la BBC cuando todavía no eran esa marca cotizada –las TIC's– y a nadie se le pasaba por la cabeza la idea de que pudieran sustituir a la figura del profesor.

En la ficción, la imagen del docente ha experimentado codificaciones diversas, pero podemos reducirlas básicamente a tres: por un lado, la profesora o el profesor que ejercen su papel con entrega, siempre remando contra la incomprensión, incluso con rasgos de heroísmo –lo que casi siempre les supone un perjuicio o alguna forma final de inmolación–; por otro lado está el brutalista, el docente lerdo y/o falto de empatía, esclavo del academicismo, de la normatividad, y a la vez con gruesos problemas con la estética –este siempre es merecedor de un atentado justiciero, aunque sea meramente simbólico–; el tercer caso, el menos habitual, es el de los protagonistas que viven problemáticamente su papel, no siempre cómodos con lo que hacen. De todos ellos tenemos ejemplos relevantes.

La novela *Stoner*, de John Williams, es un buen modelo de lo que significa un docente honesto. Mucho menos circense que el

Sr. Keating de *El club de los poetas muertos*, Stoner es un profesor entregado y metódico, un picapedrero de las aulas que en ningún momento da señales de excepcionalidad. Una personalidad gris, diríamos, y pese a ello o precisamente por ello, capaz de dejar una huella imborrable en sus alumnos. Si bien no ha experimentado fricciones notables a lo largo de los años con sus colegas de trabajo, sí ha visto cómo su vida se consumía por las exigencias de su cotidianidad docente. Ni alcanza fama, ni pasa a los anales de ninguna historia. Su entrega ha sido lo más parecido a una autoinmolación extendida en el tiempo. Y quienes aprovechan ese sacrificio son sus alumnos.

La atracción intelectual que emana del docente es el tema de *Confusión de sentimientos*, de Stefan Zweig. En este caso el profesor es un ser enigmático, de una vejez abrasiva y hasta se diría que injusta que, cada vez que encara los temas de la Literatura que lo fascinan, se transfigura en un ser nuevo y pletórico. La relación del protagonista con el profesor atravesará diferentes fases, todas ellas extrañas, difíciles de explicar, porque a ello se añade que el profesor se reserva un mundo aparte del que nadie sabe nada, por el que sucesivamente desaparece sin dar explicaciones. Pese a lo que esa relación –y la que vive después con la joven esposa del profesor– tiene de sacudida para el protagonista, al final de la obra se sublima como el recuerdo más valioso. En su jubilación el protagonista invoca el nombre de su profesor, ese nombre "del que emana todo impulso creador, el nombre del hombre que decidió mi destino y que ahora con redoblada fuerza me obliga a evocar mi juventud". Cuando al final del relato se dispone a cerrar el círculo, todavía añade: "Ni a mi padre, ni mi madre antes que él, ni a mi esposa e hijos después de él. A nadie he amado tanto".

Más que un personaje, el Don Gregorio de "La lengua de las mariposas" es un arquetipo, y lo es en diversos aspectos. Manuel Rivas lo dibuja como un hombre notoriamente feo pero de un interior bellísimo, un hombre que encuentra la felicidad enseñando, que se emplea a fondo para que sus clases cuenten con los mejores medios y resulten todo lo atractivas de que sea capaz. Es, evidentemente, un arquetipo, el de los maestros de la República, ese grupo de hombres y mujeres que se constituyeron como un auténtico baluarte de los principios sobre los que se asentaba el nuevo orden político. En el relato están, sin ser mencionadas, las Misiones Pedagógicas, la innovación educativa que se extiende bajo el ministerio de Marcelino Domingo, la confianza en que de la escuela republicana saldrá una sociedad mejor, más culta, sin distinción de clases, más humana, más justa.

A Manuel Rivas le basta con aludir a "los de la Instrucción Pública" para señalar que, allá fuera, el mundo está viendo el nacimiento de una nueva forma de entender la Educación. Enseguida el relato vuelve su foco al pueblo y a sus niños, a lo tangible, y lo que encontramos ahí es un maestro fascinado que logra fascinar a sus alumnos. Les habla de la lengua de las mariposas, como en otros momentos de Machado, de los elefantes de Aníbal, o de "la hierba, la oveja, la lana, el frío". A través del maestro, el mundo entero toma cuerpo en la pequeña aula de un pueblo gallego. El niño protagonista, Moncho, le suministra insectos para sus explicaciones, y no tarda en convertirse en su ayudante cada vez que el maestro marcha al monte. En cuanto a su trato exquisito, a diferencia de los maestros que vendrán después y de los que hemos hablado al hilo de Juan Carrión, un detalle: cuando se enfada porque en la clase hay cierto barullo, el maestro opta por guardar silencio. Sencillamente, su sentido de lo humano le impide otra forma de autoritarismo. Y sin embargo es un silencio correctivo, que a los chicos les duele, "como si nos dejara abandonados en un extraño país". Solo una sombra: alguien ha dicho en el pueblo que el maestro es ateo. La sombra se vuelve gigantesca al final del relato, cuando las tropas franquistas entran en el pueblo, y todo sospechoso de haber flirteado con las ideas de democracia e igualdad debe ser eliminado. Los padres de Moncho, que tienen miedo a parecer tibios ante los militares fascistas, fingen una indignación desaforada contra los que van en un camión camino de ser represaliados, entre los que se encuentran el maestro. Al niño lo obligan a participar en el griterío. El furor lo aturde, se agacha a coger una piedra del camino para lanzarla contra el camión, pero el único improperio que es capaz de articular es una serie de nombres que le ha regalado su maestro: "Sapo, Tilonorrinco, Iris". Es todo el legado que deja un docente: palabras. Ni adoctrinamiento, ni influjos extraños. Palabras. Y en ellas, el mundo.

La tradición literaria es mucho más abundante en el ámbito de los modelos repulsivos. El epígrafe engloba a ese tipo de docentes que, como dice Peter Handke, son el peor recuerdo de sus años de estudios por "la falta de interés que mostraban por la materia. (...) Nunca más he vuelto a encontrarme con hombres menos poseídos por lo que llevaban entre manos". Este cliché es repetido hasta la saciedad por el cine y, por lo mismo, es el modelo que impregna el imaginario colectivo. Es el tipo de docente violento y estúpido con el que trata el estudiante Törless en la novela de Musil, el mismo que aparece en el instituto Benjamenta del *Jakob von Gunten*, de Robert Walser, y que queda tan bien retratado en la película *El Ángel azul*, de Josef von Sternberg. En esta última, el profesor Unrat –*El profesor Unrat o el fin de un tirano* es el título de la novela de Heinrich Mann en la que se basa la película– es un personaje autoritario y obseso del academicismo ramplón. Bajo su aspecto de hombre culto y distinguido, lo único que existe es un niño crecido que nunca supo encontrar su sitio en el mundo real. La traición que le obsequia su mujer –nada menos que Marlene Dietrich en el primer papel estelar de su carrera– es la pena merecida, su particular Infierno condensado en los minutos finales de la película.

La sentencia contra este tipo de docentes solo podía alcanzar su grado más refinado de la mano de un juez implacable y cáustico como Thomas Bernhard. El austríaco, que tiene un merecido puesto entre los pesimistas radicales de la Literatura, por boca de uno de sus personajes define a los docentes como "los obstaculizadores de la vida y de la existencia". Según él, son esa clase de personas que "en lugar de enseñar a los jóvenes la vida, de descifrarles la vida, de hacer de la vida para ellos una riqueza realmente inagotable por su propia naturaleza, la matan en ellos". Es un juicio severo, que quizá fuera acertado en el caso de los profesores que le tocaron durante su infancia en Salzburgo, pero que de ninguna manera se puede hacer extensivo a una mayoría de docentes. Que han existido profesores de este partido en todos los tiempos es algo indiscutible, pero querer reformar la función docente en pleno para prevenir este peligro es una falacia. Una buena medida de profilaxis sería mantener las lecturas de Thomas Bernhard lejos de los técnicos que diseñan las reformas educativas en este país. Sospecho que muchos de ellos pisaron un aula por última vez hace siglos, pero leen a gente como Bernhard y toman sus libros como la noticia del día.

En un tercer grupo se engloban los docentes que podíamos definir como *en una relación complicada*. Son aquellos que problematizan su posición, los que viven al margen de la dialéctica entre héroes y villanos porque su lucha es otra. Las obras de J. M. Coetzee (*Desgracia, Los días de Jesús en la escuela, La muerte de Jesús*) aportan ejemplos de figuras matizadas, con un relieve que permite conocer no menos sus defectos que sus fortalezas.

En *Desgracia* el protagonista, David Lurie, es profesor universitario en la Universidad Técnica de Ciudad del Cabo, y, si alguna vez lo tuvo, hace tiempo que ha perdido cualquier interés en su materia. Ejerce por pura inercia, incapaz de provocar emoción por la Literatura inglesa, que es su especialidad. Eso sí, aprovecha su posición para intimar con una de sus alumnas, Melanie Isaacs. La fuerza en varias ocasiones, hasta que ella desiste de volver a sus clases y el novio de la chica se encara con él. La historia avanza tortuosa y jalonada por reacciones inesperadas de los personajes, a la vez que va derivando en nuevas subtramas como una máquina endemoniada de la que nunca se ve un final. Para el tema que nos ocupa, es interesante observar la manera en que la administración universitaria juzga su caso, cómo le ofrecen una salida airosa a poco que firme un documento de reconocimiento. El problema se halla en las diferentes capas de verdad con las que unos y otros intentan pasar página sin entrar en conflicto con la corrección política. La reacción final del profesor, que se niega a pedir ningún tipo de disculpa, pone de relieve un panorama moral que no resulta nada tranquilizador. En ese panorama turbio tiene mucho que decir la presencia ambigua de la universidad, que nunca se posiciona de manera nítida de parte de la verdad.

Una variante de esa fórmula permite a Coetzee novelar en torno al ámbito de la enseñanza y las nuevas tendencias pedagógicas en *Los días de Jesús en la escuela* y, más tarde, en *La muerte de Jesús*. Ocurre que en estas novelas el tiempo y el lugar son esa confluencia extraña que arranca de *La infancia de Jesús*, y que dotan al relato del trazo de lo arquetípico. Se trata de otro mundo-cualquier mundo, un lugar en el que se habla español y donde se está creando un sistema social nuevo que poco tiene que ver con los referentes actuales. Y es bueno que así sea, toda vez que el mundo nuevo es un más allá del Leteo, donde la memoria se pierde y la ciudadanía comienza desde cero a inventar una sociedad sin deudas ni presupuestos. Allí es donde el niño David, que pierde el contacto con su madre en la llegada caótica en barco, es cuidado por una pareja de conocidos, Simón e Inés. Como en el caso del Jesús evangélico, ni los padres son lo que podríamos llamar una pareja, ni él tiene relación de sangre con ninguno de ellos. Esta familia a su manera dedicará todos sus esfuerzos a David, que es quien necesita crecer y formarse como nuevo ciudadano del mundo.

En *Los días de Jesús en la escuela* sus padres–tutores deciden llevarlo a una Academia de Música. Antes de eso, David ha vivido una experiencia en la escuela pública nada favorecedora: los profesores de allí no supieron comprender la personalidad compleja de David, y se limitaron a exigir ante los padres una actitud firme con el niño. Como el Jesús bíblico ante los sabios del templo, el niño demostraba una inteligencia natural fuera de lo común, pero los profesores le pedían que se mimetizara con el resto de los alumnos.

Valoradas todas las posibilidades que les brinda la ciudad donde viven, se deciden por la Academia de Música, que es la que ofrece un plan de estudios con unas intenciones marcadamente humanas. Según éstas, la música y la danza permiten al alumno conectar con su mundo, aprender los números y, a partir de ahí, el resto de materias. Simón, que ejerce de padre, discute a menudo con la profesora, la enigmática y muy sugerente Ana Magdalena, y con su marido, Juan Sebastián Arroyo, que lleva el peso intelectual del método, pero no parecen llegar nunca a ninguna parte. El día que los niños presentan ante las familias una muestra del arte que han desarrollado la gente aplaude, pero Simón entiende que no hay nada allí, que cuanto están trabajando los alumnos es el puro vacío.

Todo se precipita cuando en la escuela se produce un crimen pasional, y la enigmática Ana Magdalena aparece estrangulada. Qué va a ocurrir con el niño. Cuál será su nueva escuela. En qué medida la educación está favoreciendo un desarrollo adecuado de su dimensión ética. Todo es borroso y todo queda sin respuesta porque Coetzee es un autor que problematiza. No consuela, no calma. No tiene un catecismo que ofrecer. Y entre las tendencias de la educación actual que se presentan como respuestas definitivas lo que sobran son catecismos. Un ejemplo: en *La muerte de Jesús* aparece otro centro educativo, adonde el niño quiere ir. Se trata de un orfanato llamado *Las manos* que tiene su propia oferta pedagógica. Simón, el padre, describe al director, un tal Julio Fabricante, pero parece estar hablando de algún experto actual en competencias básicas: "Es un adalid de la educación práctica, enemigo de los conocimientos librescos, que desprecia sin tapujos". En otro momento se pregunta: "¿Aceptará David que lo formen para una vida carente de aventuras, una vida de fontanero?" La pregunta que sigue va directa al docente del S. XXI, y tiene que ver con cierta forma de épica: ¿qué hará una profesora, un profesor, a quienes se les pide que solo se dediquen con sus alumnos a cuestiones prácticas? ¿Encerrarán bajo llave los contenidos que permitían a sus alumnos preguntarse por el mundo, o abrir las puertas de la imaginación, o bien estremecerse leyendo un poema, un fragmento de un libro tan poco práctico como *El Quijote*? El niño David lee un fragmento delante de sus amigos mientras se encuentra en el hospital: "Si sois realmente D. Quijote, ¡ponednos en libertad! ¡Haced que nuestras cadenas se rompan! ¡Que los muros de esta prisión se desmoronen!" La épica del docente está toda resumida allí, en la figura igualmente malentendida y maltratada de D. Quijote.

Idealizados, vilipendiados, execrables o santos, los docentes ocupan una parte importante del imaginario que acompañará a sus alumnos a lo largo de su vida. Les proporcionan durante unos años experiencias que difícilmente van a olvidar, y que se sumarán a los contenidos que estudien y los trabajos que realicen en el aula. De esa suma se compone el bagaje que les habrán dado los años de su formación. La profesora, el profesor que busquen satisfacer necesidades propias tienen un amplio catálogo de posibilidades, que van desde el narcisismo de quien se extasía escuchándose hasta quienes se convierten de hecho en padres y madres protectores de sus alumnos. Los otros, los que problematizan su trabajo y entienden que su fin es la formación –el trabajo de instruir y el trabajo de educar– de sus alumnos son los que experimentan la magia del acto de enseñar. "El amor vendrá luego, y ahí no está tu recompensa", que dice Deligny en *Semilla de crápula.* La enseñanza no es una simple siembra de cariño, casi siempre mal entendido como emotividad hueca. El trabajo del docente es otro, aunque nace y termina en el amor.

"Tienes que saber lo que quieres. Si es hacerte querer por ellos, llévales caramelos. Pero el día que te presentes con las manos vacías, dirán que eres un cerdo. Si quieres hacer tu trabajo, tráeles una cuerda de la que tirar, leña que partir, sacos que cargar".

Fernand Deligny se dedicó toda la vida a eso que Jordi Planella codifica como "las nuevas infancias". Antes de la guerra ya había trabajado con pacientes de hospitales psiquiátricos y con niños en diferentes grados de abandono familiar o ya habituados a un entorno de delincuencia. En la última fase de su vida docente, desde los años 70 hasta su muerte en 1996, se volcó en acompañar y entender a niños autistas. Restringió el lenguaje, que le provocaba sospechas en cuanto posible transmisor de un cierto modelo de mundo, y porque creyó encontrar una relación entre el mutismo de los autistas y la necesidad de autoprotegerse. En varias casas de los bosques de Cévennes convivió con ellos y se dedicó a dibujar mapas siguiendo la aparente línea caótica de sus alumnos por los bosques. De allí salió *Ce gamin, là –Ese chico, ahí–* el documental que grabó con Renaud Victor sobre sus experiencias de esos años.

Si hay que leer a Fernand Deligny conviene empezar por *Semilla de crápula*, un libro de pedagogía a su manera, de poesía, de aforismos o de memoria, según se quiera ver, con todos los ingredientes para provocar el desconcierto y la fascinación por igual. Escrito en 1943, en *Semilla de crápula* Deligny plasma ideas dispersas en torno a la educación de esos muchachos que a sus pocos años de vida ya tienen un pie en la delincuencia o en algún otro modo de autodestrucción. A menudo los textos parecen reflexiones al final de un día duro, a veces son pura poesía, otras ironizan sobre quienes alardean de vender soluciones educativas y, al fondo, siempre una visión indignada de un mundo que se niega a arropar a esos niños crecidos a la intemperie.

Comienza con la metáfora del sembrador, de aire bíblico. Presupone que el trigo es el trigo y que en esa parte del terreno todo irá bien, pero anuncia que su atención va a estar en lo anómalo, lo enfermo, el peligro. Y al trigo mismo no le faltan amenazas: tizón, cizaña, cardo, amapolas. En su parábola los vecinos vienen y se burlan de que le dedique a ellos su cuidado en vez de hacerlo con el trigo, y el diálogo se desarrolla así:

> "He aquí el tizón, la cizaña, la amapola y el cardo que infectan nuestros campos, cuidados como a nadie se le ocurriría cuidar el trigo".

Si te gusta hacer reír a tu costa, responde, los ojos en el cielo y las manos abiertas:

> "Sí: y creo que la cosecha será hermosa".

El texto con el que se abre el libro es todo un compendio de buena pedagogía.

> "La cosecha, si hay cosecha, será para luego, para más tarde o para nunca.
>
> Con la diferencia de que la semilla de crápula es exactamente igual a la semilla de hombre".

Debería ser el *leit motiv* de todo docente.

Algunos de sus textos son un soplo de aire para profesores fatigados:

> "Mientras haces esto, no serás tan fuerte como el buen Dios, pero habrás hecho cuanto estaba en tu mano".

En otros, su denuncia social se muestra amarga:

> "Su padre ya ha pasado ocho años en la cárcel; su madre, dos años en el hospital; y él todavía quisiera, este pequeño exigente, que la Sociedad se ocupara de él".

Contra el buenismo inútil, las nuevas pedagogías y otros remedios científicos se guarda un buen puñado de argumentos:

> "Volcarse demasiado sobre ellos es la mejor posición para recibir una patada en el culo".
>
> "Si mezclas estética y moral pura, eres un peligroso egoísta y no haces tu trabajo"

Muchos de los textos son consejos. No pedagogía, consejos:

> "En los barullos más grandes, tú eres la calma sonriendo. En las grandes calmas, tú eres el viento".

Por encima de teorías, de definiciones, de títulos, de organismos, Fernand Deligny sabe cómo reconocer a quienes tienen y a quienes no tienen madera de enseñantes:

> "No les enseñes a serrar si no sabes sostener una sierra; no les enseñes a cantar si cantar te aburre; no te encargues de enseñarlos a vivir si no amas la vida".

LNE: *LINGUA NOVAE ESCOLAE*. EL SECRETO DE LA POSTESCUELA

Desde la eclosión de la publicidad como estrategia de venta, no hay movimiento social o político, incluso cultural, con intención de expandirse que pueda prescindir de ella. Desde el eslogan y el logo hasta la imagen corporativa, todo lo que la publicidad pone en juego tiene que conectar de alguna manera con lo que se entiende como optimismo, bienestar, deseo. Si el movimiento quiere ser social y además pretende parecerlo, entonces se aconseja reducir las dimensiones de lo vistoso y, en correspondencia, aumentar el discurso. Claro que el discurso, en plena era de las satisfacciones inmediatas, no es el mecanismo óptimo. El discurso requiere tiempo, atención, dosis generosas de silencio, y un mínimo de debate como respuesta. Pero hay una forma de reducir o incluso descartar el discurso sin perjudicar la estrategia publicitaria: es lo que se logra con una constelación de términos. Mejor cuanto más simples, y mejor aún cuanto más contundentes. Como en un diagrama de flujo, la constelación de términos permite transmitir una apariencia de discurso que, además, se gana a ese público que ya no está aclimatado a la espera, que quiere que el ansia de verdad sea satisfecha inmediatamente, como cualquier otro deseo en la era de lo instantáneo. Toda la verdad, a ser posible, y con la misma velocidad con que responde un buscador en internet. Si en esa constelación se introducen términos y expresiones que reenvíen a una cierta noción de lo deseable, el optimismo, lo que aporta bienestar, entonces es imposible que nada falle: el discurso así esquematizado no puede ser menos que la verdad. Toda la verdad.

Una película, por qué no. Una película bien trazada puede fungir como un sucedáneo de la verdad. Se puede presentar como una docuficción, un *espot*, un ejercicio de *cinéma vérité*, un docudrama. Cualquier modo de telerrealidad adaptada puede hacer las veces del discurso y con muchísimas más posibilidades de que se difunda, o mejor, que se viralice. A poco que uno navegue por la Red, no tardará en encontrarse con discursos así concebidos: llenan Youtube, Instagram, Tik Tok, pero sobre todo, Vimeo. Es el medio que más gusta a oenegés y a movimientos más o menos rompedores aunque bien estructurados. Permite introducir un diseño creativo, acompañar las consignas con elementos de fuerza probada, como la fotografía, el grafismo, la música, la animación 3D. Pero es también un medio para transmitir discursos, privilegiado por empresas y organizaciones supraempresariales, a las que tanto bien les hacen esos destellos de tecnología amable, de ahí que, cuando el destinatario del discurso es un sector joven, o ligado, o impregnado, o en fase de abducción por el paradigma de lo joven, las empresas no dudan en recurrir a ese modo de cine. Y a una de estas películas acabo llegando en el verano de 2020; su título, *La Nueva Escuela*.

La película documenta la historia de Escola Nova 21, pero relatada –o anunciada– como la historia de una gesta revolucionaria en materia educativa. Como ya he escrito antes sobre esa organización entiendo de qué va, sin embargo, observo que la película se ahorra eso precisamente, la parte donde se debería explicar al gran público qué es, quién sostiene a la organización:

de qué va. De modo que la apuesta de la película es un comienzo *in medias res*, con Eduard Vallory ante un grupo de gente del gremio, en lo que parece una de las primeras charlas para dar a conocer el proyecto. Y enseguida, en un aparte, el propio Eduard Vallory explica de dónde surge todo, cuál fue la hora cero, el hito fundacional de la idea que luego se extenderá a lo largo de la película. Según él, el cuándo se produjo en una fecha tan reciente como 2014; el dónde fue Barcelona, la ciudad adonde él regresaba después de participar en la *Comparative and International Educative Society*; y el qué es muy simple: Vallory entendió que Cataluña necesitaba una Nueva Escuela a su altura. Una enseñanza basada en la transmisión de conocimientos se había quedado obsoleta, era prioritario aplicar otro tipo de enseñanza de tipo constructivista. Él ha visto esa necesidad, y nada menos que en 2014. A continuación se sincera con una frase de las que se bastan para hundir toda una tesis, cuando a renglón seguido de su diagnóstico asegura que su primer objetivo es "conocer cómo trabajan las escuelas de Cataluña". La visión camino de Damasco y su profesión de fe han tenido lugar, entendemos, sin una idea previa de lo que hasta esa fecha está ocurriendo en las escuelas catalanas. Nótese también que nunca ha trabajado en escuela alguna, aunque eso no obsta para que se postule como el artífice de la renovación que necesita Cataluña.

Año 2014. En julio de ese mismo año Vallory es nombrado presidente del Centre UNESCO en Cataluña; en otoño, la Generalitat le encarga un programa universitario para el desarrollo profesional de los maestros en las universidades de Vic y la UOC. Es una carrera meteórica para alguien que acaba de interesarse por lo que sea que esté ocurriendo en las escuelas catalanas. En 2016, y junto a Boris Mir, ya tiene una idea revolucionaria con la que movilizar al mundo de la enseñanza: se llama Escola Nova 21. En la película se presenta como un visión que surge de su cabeza, nadie más está detrás de su proyecto. La prueba de que la idea nace con vocación de marea revolucionaria se concreta en cifras: abril de 2016, anuncian en rueda de prensa que 25 centros serán la referencia del proyecto; el 21 de mayo, un mes después, a la jornada informativa para equipos directivos se apuntan 1.500 personas, que no cabrán en el espacio pensado para el encuentro. Tiene visos de experiencia viral, de éxito fulgurante en consonancia con los tiempos de fenómenos rizomáticos a escalas hiperaceleradas. En ningún momento explicarán ni Vallory –el ideólogo– ni Boris Mir –el comunicador– que sí hubo un alguien detrás. Hubo antes del año cero unos promotores de la idea, que son los mismos que después pondrán los medios y toda su maquinaria de comunicación a su servicio: son *La Caixa* –un banco– y la fundación *Jaume Bofill* –una fundación privada bien conocida en estas páginas.

Todo lo que viene a continuación es el desarrollo de un discurso basado en imágenes secuenciadas en forma de relato. Como en el cine, como en el cómic, la técnica primaria es la de la elipsis, por la que las escenas saltan a diferentes lugares, en diferentes tiempos y con diferentes protagonistas, lo que deja al público el trabajo de unir y recomponer cada hiato para que acabe siendo un único texto –visual– comprensible. Las ideas del movimiento estarán ahí, pero en forma de constelación: sugieren puntos en común, conexiones, líneas de fuerza. Entendemos conforme se van expandiendo en el relato que forman un todo orgánico, aunque en ningún momento se expliquen como un sistema. Y es muy revelador que todas esas ideas apuntan hacia aspectos que podríamos englobar en la columna de lo *marcado positivamente*.

Todas, sin excepción. Las voy anotando según aparecen y me reafirmo: todas son, desde el punto de vista de la semántica, felices.

Como no quiero dejar perder ningún detalle relevante, vuelvo al comienzo y reviso la película. En mi pantalla aparecen muchos profesores, y muy a menudo son profesoras y profesores en primer plano o en plano detalle. Son imágenes que quieren documentar los destellos de ilusión que se manifiestan ante lo que está sucediendo –la Nueva Escuela, ese fenómeno–, y pruebo a dejarme llevar por el relato. Quiero experimentarlo emocionalmente, ya tendré tiempo después para un análisis más calmado. Por el momento tan solo busco la manera de conectar la pantalla en la que escribo con la pantalla donde asoman esos profesores cargados de emoción. Estoy dispuesto incluso a ser yo mismo el algoritmo con tal de lograr esa conexión. Cuando acabo, reviso mis notas; más tarde ensayaré una primera clasificación de todas esas ideas que se van apuntando. Con las horas aparecen vectores nuevos, puedo elaborar epígrafes. Mis anotaciones tras la experiencia dejan este resultado:

a. Sustantivos de connotación positiva:

Nueva Escuela, experiencias innovadoras y dinamizadoras, modelo participativo, aprendizajes cooperativos, diversión, formación continua. Formulación de intenciones: *Poner al alumno en el centro, no imponer nada, aprender a aprender.*

La química de estas expresiones de connotación positiva muestra mejor su potencial si se le pone al lado la expresión negativa correspondiente –que en la docuficción no se menciona, muy astutamente–. Así, a Nueva Escuela se le opone la Vieja Escuela; a experiencias innovadoras, las experiencias archiconocidas, y a las dinamizadoras, las soporíferas; al modelo participativo, el modelo magistral; al aprendizaje cooperativo, el trabajo individual; a la diversión, la murria cotidiana; a la formación continua, la obsolescencia programada de los estudios. De la misma forma, el aserto *poner al alumno en el centro* parece innegociable: ¿la otra posibilidad sería poner al profesor en el centro, o a la familia, o? A la idea de *no imponer nada* le sucede otro tanto: lo contrario, la imposición, guarda reminiscencias totalitarias, no admite simpatía. De la última, la de *aprender a aprender*, solo añadir que a cualquier mente no muy entrenada la paradoja le hace entrar en episodios de fascinación. Frente a expresiones de ese corte, solo se puede entender que nos hallamos en puertas de acceder a otra dimensión, algo de lo que no se apunta nada claro, pero que tampoco lo necesita para liberar su poder de seducción.

Frente a la Nueva Escuela, solo puede quedar lo reaccionario, lo oscuro, la estolidez, lo viejuno. En los compases iniciales Boris Mir, que ejerce de director adjunto de Escola Nova 21 –jefe de prensa, en la práctica–, dice: "El *sistema* nos tolera, pero no se nos acerca". Quienes están intentando llevar a cabo este proyecto se definen, así, como *outsiders*, son idealistas y rebeldes. Desde los románticos, nuestro imaginario colectivo asume que el bien solo puede estar de su parte. Acaban de poner sobre el tapete su credencial de revolucionarios.

b. Descripciones que escamotean posibilidades.

La lengua es experta en describir el mundo real tanto como lo es en esconder aquello a lo que no se quiere dar carta de naturaleza. Basta con no dar un nombre a una realidad, física o abstracta, para que no exista. La lengua marca los límites del mundo, como advirtió Wittgenstein.

En la película aparece en diversos momentos la palabra *futuro*: en el breve corto inicial, el director–narrador enfoca a su hija para pasar a hablar de la evolución que nos ha hecho seres pensantes; en ese momento añade "Igual ha llegado el momento de prepararnos para el futuro". Como descubrimiento, poco que decir excepto que no es un descubrimiento. Más adelante se insistirá en que la finalidad de la educación es que los alumnos estén preparados para "los retos que tendrán en ese futuro". A veces es lo "actual", una forma de futuro tan inmediato –tan líquido– que acaba por invalidar cualquier noción de presente, en una realidad en la que todo muta a velocidades mareantes y, en consecuencia, tiene al individuo continuamente exhausto y sin respuestas. En esa elipsis deducimos que entra el sistema educativo, el método que debe servir a los estudiantes como preparación para lo que vendrá.

Ese planteamiento –bastante previsible, la verdad– escamotea el hecho de que hay otra forma de enseñar posible: frente a ese acogotamiento ante un mundo mutante que se percibe como amenaza en acecho, se puede enseñar un posicionamiento proactivo. Antes que educar en el pavor ante lo que está por venir, la alumna, el alumno, pueden ser formados en la certeza de que serán ellos, en tanto que ciudadanos de derecho, quienes deben enjuiciar esa realidad e intervenir sobre ella. No dar por sentado que el mundo es así –agresivo, egoísta, acelerado, feo– y aclimatarse en consecuencia, sino pensar que el mundo lo puede decidir el individuo que está formándose para devenir ciudadano. Esa función, que es claramente emancipadora y tiene su mejor aliado en el lenguaje, parece quedar silenciada –o robada– en cada nuevo método educativo. "Hay que formar en competencias para la vida", dicen, "el futuro está lleno de retos que ahora mismo ni podemos prever". Frente a esa perspectiva de lo inexorable, hay que insistir en que existe otra manera de formar a los alumnos, quizá no tan práctica, pero sí más humana, si se trabaja el lenguaje como herramienta para entender el mundo y, en último término, para intervenir en el mundo.

c. El espectáculo ha llegado, y parece que se va a quedar un tiempo.

Las prácticas educativas que vamos a presenciar en *La nueva escuela*, no tendrán que ver, pues, con el lenguaje. Ni se debatirá ningún tema candente, ni se analizarán hechos de los que en este preciso momento están condicionando la vida de los alumnos. Si el lenguaje aparece será solo como el *software* inevitable para que funcione una maquinaria que se da a conocer como de última generación. ¿Qué van a proponer los profesores? Talleres. Talleres elegidos según los intereses de los alumnos. Talleres que permitan poner en juego sus competencias prácticas. Talleres que permitan jugar porque, según el parecer de las neurociencias, el juego es el motor último del aprendizaje. El más eficiente, el que nunca falla. Los talleres que se irán desplegando a lo largo de un curso –lo que dura la película– son dos: uno de reparación y puesta en marcha de bicicletas, otro de *cosplay*. Esa experiencia que se propone como un ejemplo de lo que debe ser la nueva educación, ese plano donde los alumnos aprendan por sí mismos sin la intervención magistral del profesor, adoptará la forma de un relato dentro del relato. Una película en sí misma. Como película tendrá su planteamiento, su nudo y su desenlace. Para ello, una cámara objetiva mostrará el momento en que los alumnos proponen y más tarde votan aquello que quieren hacer. Porque se trata de eso, de que la enseñanza se adapte a sus intereses, a sus gustos, un planteamiento que casa mal con lo de prepararlos también para el futuro incierto, pero sobre lo que no se debate. Por descontado, en esas primeras reuniones no tardarán en aflorar las dudas, las desavenencias, las conversaciones en busca de solución cuando la tarea encalle.

Fiel a su cometido, la cámara–testigo registrará cada escena como en un ejercicio de objetividad máximo. Pero no hay que ser incautos: la cámara es productora de un artificio. Como explicaría Debord, estamos observando una experiencia real después de convertida en espectáculo, de ahí que nos llegue a través de una pantalla, con toda la dosis de ficción de la que solo es capaz una pantalla. Hay momentos en que el montaje también delata la existencia de un artificio: ahí están las ocasiones en que el alumno disruptivo–indaptado se bloquea e insulta a sus compañeros, pero que poco después será quien, rodeado de tornillos y herramientas en el taller, asuma un papel de líder. Tras diversas elipsis –bastante abruptas, hay que decirlo– entendemos que llega el momento en que por fin se produce el encuentro entre sus capacidades y sus motivaciones. El acto final, con todos los alumnos arreglados para la ocasión, se entiende como la celebración del éxito de la experiencia educativa. En términos de progresión temática deberíamos hablar de anticlímax: superadas todas las pruebas, los actores por fin sonríen. Se ha culminado el propósito con el que se abría la película, y ahora es posible ofrecer ese espectáculo en un ambiente no menos espectacular, el de una escuela en su fiesta de fin de curso.

Lo espectacular hace tiempo que es seña de identidad de cualquier intento por presentar un discurso de lo novedoso en educación. Basta con darse un paseo por las propuestas *online* de las grandes corporaciones –Apple, Google, Microsoft–, o por alguna de las cientos de *Apps* que se ofrecen como herramientas para mejorar la experiencia –todo espectáculo es experiencial– del aprendizaje. Pero la idea no ha hecho más que empezar en nuestras escuelas, se diría que estamos en los albores de una primavera del espectáculo educativo: ya hay profesores que suben sus clases a canales como *Youtube* o que explican el funcionamiento de máquinas diversas, como las pizarras digitales, o enseñan el *podcasting* a través de utilidades como *Zencastr*. Por supuesto, el espectáculo pone en marcha siempre una espiral que exige que cada nueva entrega se muestre más poderosa, más audaz. A ello ha contribuido el período del confinamiento vivido en 2020: así hemos descubierto a profesoras que enseñan anatomía embutidas en una funda de lycra con todos los órganos vitales sobreimpresos, a profesores de Historia que actúan como personajes de época, y a profes de ciencias con canales donde suman más de un millón de suscriptores. No es mi intención restarle mérito a muchos de ellos que hacen aportaciones loables, simplemente que estos ejemplos evidencian que la dimensión espectacular se ha acomodado ya entre nosotros. Eso en sí es lo preocupante, en la medida en que el espectáculo no busca otra cosa que la satisfacción de público que sirva para atraer más público –tal como hace el mercado–, un público cada vez más necesitado de experiencias que mantengan su atención, lo que implica la persecución por parte de los maestros del *entertainmet* de nuevos retos que superen los anteriores, de nuevas sorpresas.

A la educación solo le faltaba un detalle para culminar su conversión al espectáculo: un concurso. Y lo tiene desde hace unos años. Como el baile, la canción, el cine, o la cocina, ahora la idea de atraer la atención de los medios –y los inversores– y servir de acicate a profesores ha cristalizado en un concurso de talento a nivel internacional. El título de "Mejor profesor del mundo" se autodefine como "el Nobel de la Educación", y es la última aportación de la *Fundación Varkey*, que desde hace años explota nuevas formas de generar ingresos aprovechando las posibilidades de espectacularización de la enseñanza. Algunos datos permiten entender mejor el fenómeno: el "Global Teacher Prize" se entrega anualmente bajo el patrocinio del Jeque Mohammed bin Rashid Al Maktoum, Vicepresidente y Primer Ministro de los Emiratos Árabes Unidos –signifique eso lo que signifique– y actual Gobernante de Dubai. Por su parte, la Fundación Varkey gestiona escuelas en 176 países, y en 2019 alcanzó un valor de mercado de alrededor de cuatro mil millones de dólares. Sunny Varkey es el actual dueño de GEMS, la empresa que fundó su padre en 1959, y que ofrece servicios educativos a diferentes gobiernos alrededor del mundo. Y todo apunta a que el factor espectacular que permite el sistema educativo no ha hecho más que empezar a darle beneficios. El fondo buitre *Blackstone* es en la actualidad uno de los principales inversores de Varkey, algún significado tendrá ese hecho. *Blackstone* es el mismo fondo que en España aprovechó los vaivenes de la crisis de 2008 para invertir en vivienda y llegar a ser la principal empresa inmobiliaria del país. Este es el tipo de gente que se interesa por dar un premio a un profesor, que debe contribuir a que el espectáculo continúe, que debe asegurar que el dinero siga llamando al dinero.

d. Del *nosotros* al *vosotros*: fugaces apariciones de la demagogia en la escuela.

La película está a punto de acabar y los problemas del mundo no existen porque en *La nueva escuela* no tienen nombre. Así llegaremos a la conclusión de que la innovación no tiene nada que decir sobre los asuntos mayores del S. XXI como la ecología, las cuestiones de género, la irrupción de la Inteligencia Artificial en la vida, las nuevas formas de esclavitud, el consumismo desbocado, la espectacularización de lo social a través de las redes, la hipervigilancia sobre el individuo y la derogación de la esfera de lo privado. De ese modo, sin haber aclarado entonces cuál era el objetivo de la pesquisa planteada por Vallory en 2014, en la película se anuncia un acto final para clausurar el proyecto que puede ser apoteósico. En él los representantes de *Escola Nova 21* se encontrarán con la administración para confrontarla con el proyecto y sus resultados. Se cuela un paréntesis narrativo: en una reunión previa los líderes muestran una cierta inquietud por cómo pueda desarrollarse el encuentro inminente. Celebran una fiesta en *petit comité* y se animan mutuamente para llegar al encuentro con los representantes de la administración pública cargados de razones. Pero no habrá encuentro. O no será como se había estado sugiriendo. El único encuentro será un acto final donde se escenifique la autoconclusión del proyecto *Escola Nova 21* que, contra lo esperado, no tenía intención de continuidad. En ese acto la portavoz del Departamento de Educación –el equivalente a la consejería de otras comunidades autónomas– interviene para anunciar que "a partir de ahora" el proyecto es asumido por este Departamento "determinado a transformar la educación en todo el país, poniendo las condiciones para que todos estos recursos y toda esta red de relaciones y conocimiento que habéis creado vosotros llegue a todos los niños y niñas de Cataluña". O sea, que todas las expectativas eran ficción, no se esperaba un debate para convencer a nadie, lo que se había proyectado era un acto protocolario para oficializar un traspaso. En resumen, *Escola Nova 21* no había sido la movilización espontánea que se nos había hecho creer, había sido un encargo. De ahí la fecha de entrega, el auspicio de *La Caixa*, la continuidad administrativa. Una vez recibido el trabajo e incorporado al Departamento, la portavoz, sin embargo, declara su gratitud por lo que ha sido supuestamente la aportación de un "vosotros".

Desde 2017 las escuelas de Barcelona –adscritas al Consorci d'Educació– se declaran todas innovadoras, por defecto.

Agosto de 2020. Mundo posconfinamiento (fase 1). Inventario:

La vida escolar camina hacia la digitalización plena. El confinamiento ha supuesto la razón última para que el salto a lo digital se produzca por necesidad y a la mayor brevedad posible. Previsiblemente, sin un sano juicio.

El aprendizaje por competencias ha quedado lejos de estar en entredicho. Sin que nadie haya tenido tiempo de analizarlo y debatirlo, ha sido impuesto en el sistema educativo español. Cada comunidad autónoma se ha lanzado a la carrera por llegar *citius, altius, fortius*, a fin de poder vender ese –dudoso– logro como un hito en la innovación.

En correspondencia con esa deriva, el papel del docente continúa y acelera su proceso de declive. Toda práctica educativa que se autodefina como innovadora ubica al profesor en una zona secundaria. Se lo puede verbalizar de diversas maneras –fin de la jerarquía, el alumno en el centro, aprendizajes cooperativos–, pero el hecho significa el vaciamiento final de la figura del profesor referente.

Se implementa un nuevo lenguaje. Quien no se avenga a hablarlo, quien ose poner en duda su fiabilidad o lo acuse de estar al servicio de una ficción, será tildado de retrógado, enemigo, oscurantista, obsoleto, caduco.

Con los puntos a, b, c, d perfectamente consolidados, la llamada *nueva normalidad* se asegura la continuidad de un mundo sin nosotros. El ciudadano medio sigue convencido de que todo aquello que cambia, se reforma o se refunda a nuestro alrededor entra dentro de la categoría de lo inexorable, como la propia pandemia. Queda, pues, la necesidad de adaptarse para sobrevivir, aceptar que incluso sean otros los que creen el mundo dictando cada nombre nuevo. La nueva realidad parece que saldrá reforzada con los diferentes proyectos de innovación educativa. Así, hasta la llegada de una nueva moda educativa en el futuro, los docentes actuales seguiremos entretenidos y convencidos de que formamos ciudadanos libres, cultos, autónomos. En ese tiempo el mundo continuará sus rumbos sin nosotros.

Créditos finales: Es justo reconocer la procedencia desinteresada de los recursos que sostienen la Fundació Jaume Bofill, que está detrás de la idea de la película. En 2021 el presupuesto confeso fue de 219.000 euros, procedentes en su mayor parte de la Generalitat de Catalunya, de la diputación de Barcelona y de unos pocos municipios. El presupuesto ascendió en un solo año a más de 12 millones, gracias en su mayor parte a fondos *Next Generation* otorgados por el Ministerio de Inclusión.

NOSOTROS Y EL CAMBIO

El día que cerramos la puerta para el confinamiento de 2020 el silencio fue un nuevo habitante de cada casa. Y no resultó cortés. En ocasiones se ponía de parte del espanto y, si conseguía sumar el flujo de las redes sociales, lograba darle a todo el color de una distopía. Al tiempo que nos íbamos adaptando a la nueva dimensión, tratábamos también de no acabar como en el cuento de Cortázar, expulsados en nuestra propia casa. Desde aquella perspectiva lo que parecía indiscutible era que todo iba a cambiar y, aunque no faltaban miradas más positivas, el sentir general era que estábamos en puertas de un mundo más oscuro, más tortuoso, más incierto. El silencio espeso de aquellos días favorecía que el ruido de los agoreros llegara con más fuerza. Estábamos convencidos: todo iba a cambiar. Meses después, en el verano de 2020, de lo que estábamos convencidos era de que ya había cambiado todo. Aún éramos incapaces de decir en qué medida, en qué aspectos, pero sentíamos que ante nosotros estaba el nuevo mundo. Oscuro, tortuoso, incierto.

Si el cambio es connatural a la experiencia humana, en este caso la idea de que todo iba a cambiar venía entreverada de un componente fantasmagórico. Ese componente es el que nos ha llevado a sospechar, especialmente en los últimos 60 años, que detrás de cada salto de la historia, detrás de cada cambio, hay siempre una mano oscura. Las explicaciones oficiales se quedan en lo espectacular –la fotografía icónica, el corte de vídeo– pero la realidad queda irremediablemente fuera del foco, en los documentos secretos, en las conspiraciones de unas fuerzas ocultas superiores a las de los estados. En el caso de la pandemia provocada por el Covid-19 era cuestión de horas que se detonara toda una ola de explicaciones conspiranoicas, y todas de corte tétrico, todas orientadas contra el individuo acogotado en su casa y agarrado al silencio. Hasta ahí, todo más o menos es comprensible: el pánico a lo desconocido pone en marcha el mecanismo atávico que nos vuelve vulnerables. En pleno S. XXI, todavía más: sabemos en qué medida irrisoria uno puede intervenir en el mundo, la poca importancia que tiene un voto. Los resortes que accionan la actualidad nos parecen arcanos; quienes los pueden accionar, enemigos. Sin embargo, sabemos que no existen los fantasmas. Nos lo advirtieron cuando éramos niños, y nos preocupamos de comunicárselo a las nuevas generaciones para vacunarlos contra la desesperanza.

¿Quién está, entonces, en condiciones de dirigir ese cambio? Desconocemos el hacia dónde, la medida, las secuelas, a quién le llegará la factura de todo lo que este colosal asunto va a provocar en nuestro mundo. Lo que será la sociedad después, y lo que volverá a ser la economía. Por eso nos interesa la cuestión del sujeto: quién se pondrá al mando, quién va a tomar las riendas en ese tránsito. Quién definirá la nueva escala de valores y la nueva escala de urgencias que dirimirá la reconstrucción. Que sepamos si, como individuos de una sociedad, volveremos a entregar ese trabajo a una serie de vicarios –políticos, gurús, tecnócratas– o exigiremos, por una vez, ser quienes decidan. Me pregunto entonces si como docente he hecho mi labor y he contribuido a que una nueva generación asuma esa responsabilidad, y me pregunto también si he contribuido en cambio a reforzar el miedo. Si he transmitido a mis alumnos que como ciudadanos deben exigir las riendas o si por el contrario deben plegarse a la resignación inveterada y ceder irremediablemente. Como siempre.

El confinamiento y el silencio constituyen la previa de un examen y, en este caso, yo me lo autoimpongo.

¿Para qué profesores?

Llego a **Günter Anders** a través de **Jorge Larrosa**, quien además de escribir sobre el hecho educativo acumula una biografía lectora de lo más bizarro. Lo que leo en el libro es una cita, solo el final de un poema de Anders, un poema que habla de un mundo en perpetuo cambio y en el que es preciso mantenerse alerta.

> *"... Tenemos que interpretar esa transformación.*
> *Precisamente para transformarla.*
> *Para que el mundo no siga cambiando sin nosotros.*
> *Y no se transforme al final en un mundo sin nosotros".*

Es un texto apremiante. La urgencia la marca la perífrasis de obligatoriedad ("Tenemos que"), y la condiciona el devenir del tiempo, que no deja de fluir mientras todo lo cambia. Pero el apremio no es al individuo, sino al grupo, a la *masa* que cantó **César Vallejo**, a la ciudadanía, que debe ser el sujeto de la Historia ("Nosotros"). Estamos, pues, ante el logos marxista, la revolución en ciernes. Por eso, el optimismo, la confianza en que la Historia se puede decidir, "transformarla". Sin embargo, leo el poema y no puedo dejar de ver, a través de Larrosa y a través de Günter Anders, que el poema está describiendo un aula. Dentro del aula unos alumnos y un docente dan clase. Aprenden, pero no hacen un ejercicio de inmaterialidad pura. Tienen un ojo en lo que hay afuera, porque saben que ahí está su destino, pero de alguna manera saben también que el tiempo detenido que rige en la escuela es imprescindible para entender lo que está sucediendo en el mundo del tiempo alocado. El aula así entendida no es el lugar de la repetición ni el templo donde se venera el pasado, sino un lugar marcadamente dinámico, vivo, cargado de futuro.

No sé si puede haber una definición más feliz de lo que es el cometido de la enseñanza: el docente, ese miembro de la sociedad que nunca debe renunciar a su faceta de pensador, interpreta junto con su grupo de estudiantes qué es el mundo y hacia dónde apunta su evolución en el momento actual. Los alumnos durante unos años viven a resguardo de esa intemperie, separados del mundo para poder así formarse adecuadamente antes de asumir un día su papel como ciudadanos. En apariencia, el día a día se vuelve un latido pesado que no parece evolucionar, pero los años pasan. Un día entienden por fin que todo lo que estudiaban y aprendían entre aquellas paredes les ha dado los medios para interpretar el mundo. Ahora pueden asumir una posición activa, si es que quieren detener la diabólica rueda. En vez de decir "prepárate para la vida; el mundo es un lugar difícil" el profesor les habrá dicho en todo ese tiempo: "Que el mundo no siga cambiando sin nosotros, para que no sea como siempre un mundo sin nosotros".

Günter Anders fue el primer marido de **Hannah Arendt**.

Aparece aquí una conexión reveladora, porque Hannah vivió una de esas transformaciones dramáticas de las que habla el poema, esas que la Historia se reserva para azotar con saña a determinadas generaciones. Ella también tuvo que explicar –y explicarse– un mundo que, de aparentemente bien encarrilado hacia el progreso, había evolucionado a una pesadilla de dimensiones cósmicas. Según ella, los totalitarismos europeos aparecieron en un momento preciso: eran los años en que el mundo se hundía en una crisis económica sin precedentes y en todas partes se buscaban con impaciencia respuestas innovadoras. Esas respuestas fueron el nazismo–fascismo y el comunismo soviético: ambos formularon planteamientos y buscaron modos organizativos que los definían como pura vanguardia política. Ambas tendencias se propusieron gobernar el cambio y para ello exigían –cada una a su manera– que el *nosotros* se disolviera en un ente abstracto identificado con la *patria*. Dicho de otra forma, ahora que el mundo se disponía a vivir el mayor cambio de la historia, el individuo debía desaparecer; los que comandarían el rumbo serían otros.

Pues bien, si los totalitarismos triunfaron, en buena medida se debió al éxito de sistemas educativos formulados precisamente para que el ciudadano asumiera un nuevo papel. En adelante debía ser quien proveyera de energía y mano útil al nuevo estado. A la vez se repudiaba por débil la democracia participativa, demasiado centrada en el individuo, demasiado lenta cuando se trataba de ejecutar cambios sociales a gran velocidad. El sistema heredado de la escuela prusiana –en el caso del nazismo– sentó la base formativa de ese individuo disciplinado y acrítico que debía subordinarse al interés del Reich; en España, como en Italia, la educación ya había modelado de tiempo atrás al ciudadano religioso apabullado por la voz superior que considera la vida terrena como mero paso hacia la otra, espiritual. El caso ruso fue menos sofisticado: inmensas capas de la población seguían habitando un cosmos medieval. En ese esquema ni cabía la idea de una sociedad no sumisa. El mundo en los años 30 acabó sufriendo una transformación, la conocemos bien, y experimentamos sus consecuencias.

Fue de nuevo una transformación sin nosotros.

Profesores frente a pantallas

En esa tesitura es donde el papel del profesor muestra su auténtica dimensión. Las nuevas generaciones pueden capitanear el cambio, pero solo sabrán exigir su presencia en el puente de mando si la escuela ha hecho anteriormente su trabajo. Sin embargo, frente a esta idea aparecen antagonistas inopinados. Y muchos de ellos vienen en el convoy de la innovación, las pedagogías avanzadas, el aprender a aprender, los aprendizajes cooperativos, el *e-learning*, el constructivismo, el bando que se dice alternativo.

Si existe internet, si el mundo está al alcance de toda persona-cualquier persona, ¿no han quedado obsoletos los docentes?

El confinamiento ha ofrecido al mundo un banco de pruebas inesperado. Por una vez, y en casi cualquier país al mismo tiempo, el profesor queda lejos del alumno. Los contenidos corren libres en Google Classroom, en Moodle, en Microsoft, y están listos para demostrar que la pedagogía constructivista en alianza con la Inteligencia Artificial relega a la irrelevancia la figura del docente. El alumno categorizado como *nativo digital* será el primero en la historia que podrá ofrecerse a sí mismo una formación sin la molesta sombra pensante del docente. Si necesita datos, los tendrá sin límite. Si necesita idiomas, contenidos científicos, instrucciones para poner en marcha un *gadget*, todo, todo y todo lo tendrá al alcance de la mano. Según esta idea, el profesor solo debe estar ahí, servir de estímulo al alumno, supervisarlo, pero no puede hacer lo que es misión del propio alumno: construirse su propio aprendizaje.

Parece maravilloso. Hay docenas de reportajes sobre el particular, el último de ellos se titula *La nueva escuela*, y relata los aparentemente indiscutibles progresos de este tipo de aprendizaje en Cataluña. La película está en Filmin. Avanzo *spoiler*: no aparece en el reportaje ninguna técnica que no se haya visto desde hace años en Canarias, en León, en Asturias, en La Rioja. Luego el título engaña, no hay nada de nuevo. La película insiste en mostrar cómo varios grupos de alumnos consiguen aprender por sí solos –según parece–: en uno, las particularidades de la bicicleta y cómo montar un taller; en el otro, a hacer trajes *cosplay*. A final de curso, el acto de clausura es una fiesta de lo que parece la nueva escuela. Acaba la película y soy un mar de dudas. Tengo tantas ganas de preguntar que no logro saber en qué momento empezar a elaborar una cierta jerarquía entre preguntas. Empiezo al azar, con la primera: ¿era esto lo que los alumnos venían a aprender, cómo montar un taller? La segunda: ¿qué hicieron los profesores en todo ese tiempo? Las elipsis en el cine ahorran material narrativo, pero ¿sirven en esta película para disimular toda la problemática que supone el día a día monótono de un año escolar? Y otra: ¿nadie les dijo a esos alumnos que también podrían aspirar a otros ámbitos –el derecho, la carrera diplomática, la medicina, la ingeniería genética, la danza, la farmacología–? ¿O, dado que eran centros de enseñanza de un pueblo de gente trabajadora, se presuponía que su futuro quedaba ahí, en trabajos de tipo manual, de *fontanero*, como en la novela de Coetzee?

Por supuesto que a día de hoy cualquier grupo de alumnos es capaz de aprender sin ayuda de nadie. También los torpes en la cocina, los negados para la informática, los que no saben solucionar las pequeñas tragedias cotidianas de un hogar lleno de aparatos pueden encontrar en internet respuestas para todo. Pero ¿quién, sino una profesora, un maestro, puede plantear conceptos como la justicia social o la defensa del medio ambiente? ¿Quién, si no es el docente, hará a esos alumnos reflexionar en torno a la solidaridad, el respeto por las minorías, la defensa de la igualdad de derechos entre hombres y mujeres? En tanto que la enseñanza abre el mundo –la versión del mundo que nuestra sociedad ha forjado, miles de pensadores y guerras y filósofos y revoluciones después–, no se puede esperar que los alumnos por sí solos accedan a cuestiones en las que la humanidad ha progresado a lo largo y ancho de la historia. Decir que un alumno debe decidir y desarrollar sus propios aprendizajes es un planteamiento doloso. Degrada la enseñanza. A los alumnos en cuyas casas escasea eso que **Bourdieu** llama *capital simbólico* la educación DIY los condena, los ata, los achica.

Hannah Arendt explicó el trabajo del docente como la transmisión del mundo. La nueva generación entra en la escuela –bendita escuela que los libera durante unos años de la locura que es el mundo y sus servidumbres–. Allí, sin diferencia de clase social ni de sexo, sin discriminación por motivos religiosos o étnicos, todos aprenden por igual lo que la humanidad ha logrado hasta la fecha. La ciencia, la democracia, el juego, la medicina, la música, los derechos sociales. La geografía para que comprendan la dimensión de su pequeño barrio, su pueblo, su familia. La literatura de quienes crearon mundos nuevos o dieron nombre a sentimientos para los que antes no existía nombre. El respeto, la paciencia. El lugar del otro. Todo llega de la mano de alguien –una profesora, un profesor– a quienes mueve una cierta forma de amor.

> "La educación es el punto en el que decidimos si amamos el mundo lo bastante como para asumir una responsabilidad por él y así salvarlo de la ruina que, de no ser por la renovación, de no ser por la llegada de los nuevos y los jóvenes, sería inevitable".

Hannah Arendt lo entendió con una simplicidad que desarma: El mundo se renueva con la llegada de una generación a la que trasmitimos el viejo mundo para que en sus manos se actualice. Su llegada salva el mundo, pero en esa salvación la presencia del docente es primordial. Su función es, en ese sentido, política. Y, puesto que su labor contribuye a preservar la sociedad frente a la muerte, el docente debe gozar de la máxima veneración. No en vano es el docente quien canaliza el amor de la sociedad por su mundo. Porque sin amor, no hay traspaso del mundo. Quienes negocian y compran y esquilman el planeta –que coincide a menudo con quienes dictan las normas de la nueva educación– demuestran a diario que lo suyo no es amor por el mundo.

Pero sigue habiendo docentes. Esta epopeya seguirá actualizándose mientras el amor por el mundo siga fluyendo a través de los docentes. Solo así, y a pesar de los oscuros presagios, el mundo seguirá renovándose generación tras generación. Habrá momentos críticos, y signos de que la humanidad se dirige hacia su autodestrucción, pero mientras siga habiendo profesores la esperanza seguirá intacta.

En esta epopeya el final está por escribir, pero solo cabe que se dé de esta forma: en el futuro, la escuela consigue por fin interpretar las transformaciones que sufre el mundo, precisamente para transformarlas. Pero el logro no sirve de nada si no se comunica, y la escuela es, por encima de todo, el lugar de la comunicación. Las nuevas generaciones que salen de allí, ahora sí, están preparadas para intervenir en el mundo. Por fin será gobernado por categorías humanas. Comienza un cambio: es el cambio que habremos decidido. Ya nunca más el mundo cambiará sin nosotros. En la escena con la que se cierra este relato hay una escuela.

En la puerta, una profesora, un profesor, invitan a entrar.

SUMARIO